체대입시의 신

'불확신함'을 '확고한 믿음'으로

체대 입시의 신

초판 1쇄 발행 2021년 9월 6일
초판 4쇄 발행 2024년 4월 22일

지은이 김민중

발행인 백유미 조영석

발행처 (주)라온아시아
주소 서울특별시 서초구 방배로180, 스파크플러스 3F

등록 2016년 7월 5일 제 2016-000141호
전화 070-7600-8230   **팩스** 070-4754-2473

값 17,000원
ISBN 979-11-91283-77-8 (13370)

라온북은 독자 여러분의 소중한 원고를 기다리고 있습니다. (raonbook@raonasia.co.kr)

ENTRANCE EXAM

'불확실함'을 '확고한 믿음'으로

체대입시의 신

김민중 지음

RAON
BOOK

당신 또는 당신의 아이도
명문대생이 될 수 있다!

어느 평화로운 가족 저녁 외식 자리, 그 화기애애한 분위기 속에 오늘따라 왠지 우리 아이의 표정이 좋지 않다. 뭔가 이야기하고 싶은 게 있는데 뜸을 들이고 있는 것 같다. 메인 음식부터 후식까지 다 먹고 집에 가기 위해 일어나려고 하는 찰나, 아이의 입에서 무겁게 나온 말 한마디…… "엄마, 나 체대 가고 싶어요."

그 순간 정적이 흐른다. 그리고 부모님은 생각한다. 이 상황을 어찌해야 하나. 기뻐해야 할까? 혼을 내야 할까? 아니면 못 들은 척 넘어가야 할까……. 아마 전국의 체대 입시생을 두었거나 체대를 보낸 부모님들은 이 순간을 모두 겪었을 것이다. 그리고 아마도 대부분의 부모님이 체대 이야기를 듣고 나서, 기쁨 또는 환호보다는 걱정부터 했으리라 짐작한다. 그 걱정은 왜 체대를 가고 싶어 할까? 이런 것보다는 체대에 대한 아무런 정보가 없는 상황이라 어떠한 실질적인 조언을 해줄 수 없다는 것과 우리 아이가 과연 체대를 갈 수 있을 것인가 하는 걱정으로 시작됐을 것이다.

하지만 결론부터 이야기하자면 누구나 체대에 진학할 수 있다. 우리 아이가 지금까지 특정한 종목을 운동하지 않았더라도 혹은 체육은 정말 좋아하지만 운동 능력이 떨어지더라도 말이다.

체대 입시의 일반전형은 엘리트 선수를 뽑는 전형이 아니다. 선수 출신의 엘리트 체육 학생들은 경기실적이나 선수 경력으로 선발하는 특기자전형으로 대학에 진학하기 때문에 그들만의 리그가 따로 있다. 일반전형으로 체육대학에 가고자 하는 전국의 많은 학생이 빠르면 고1, 늦어도 고2 여름방학부터 체육대학 진학에 대해서 상담을 받거나 체대 입시학원에 등록하여 실기 고사를 준비한다. 요즘은 중학생 자녀를 둔 부모님들의 문의도 많아지는 추세다.

전국의 체대 입시를 준비하는 학생들은 4년제 대학의 수시, 정시전형과 전문대까지 포함하여 매년 2만 명 정도 추산한다. 이 많은 학생이 과연, 정말 단순히 체육이 목표여서 체대를 가려고 할까? 결론부터 이야기하자면 아니다. 결코 아니다.

몇몇 학생들은 정말 체육 자체를 너무 좋아해서 관련 진로를 위해 체대 진학을 희망한다. 체대 입시 컨설팅을 진행하는 학생들에게 물어보면 100이면 99는 소질과 재능, 적성을 따라 체육대학을 선택한 것이 아니라 '대학 진학'을 위해 선택한다. 실제로 상담 초반에 학생의 입시 준비 방향을 잡기 위해 아이를 디테일하게 알아가는 과정에서 왜 무조건 체육대학을 가고 싶은지 질문하면 학생들은 이렇게 답변한다.

"체육 선생님이 되고 싶어서요."

"스포츠마케터가 되려고요."

"스포츠 외신 기자 쪽에 관심이 있어요."

그다음 질문으로 그럼 어디 체대를 가고 싶은지 물으면 아직 대학 정보를 잘 모르는 고1, 2학생들 대부분이 이렇게 답한다.

"아직은 잘 모르지만, 체육 관련 학과면 좋아요."

"수도권 내 대학이면 다 좋을 것 같아요."

이렇게 아이가 답변하는 순간, 나는 같이 상담 온 학부모의 표정을 살펴본다. 대부분 '어…. 이게 아닌데?'의 '당혹감'이 아주 짙게 보인다. 아이가 처음 체대를 가고 싶다고 했을 때 그래도 우리 아이의 꿈이자 목표이니 흔쾌히 허락하는 부모님들도 있지만, 마지 못해 아이의 기를 꺾을 수 없어 허락한 부모님들도 많을 거다. 아니면 허락했지만 아이와 나름 거래(?)를 했거나 마음속으로는 아마 특정한 기준을 정해두었을 것이다. 주로 아이와 상담 방향을 정하게 하고 학부모들은 서포트하는 것처럼 보이지만, 다 각자의 이유와 기준이 있다. 그리고 보통 학부모가 아무 반응도 없는 상태에서 상담이 끝나고 나면, 따로 문자나 전화가 오는데 내용은 딱 이렇다. "아이한테는 비밀인데, 지방 4년제나 전문대 붙으면 등록시킬 생각 없으니 컨설팅하실 때 참고해서 대학 정해주세요."

이렇게 이야기하는 경우가 많아서 아예 이제는 상담 전에 부모님들이 원하는 상담 방향 중 아이 앞에서 말하기 민감한 내용 등에 대해서는 미리 카톡으로 남겨달라고 요청한다. 또 정말 안타까운 것은 체대 입시학원이나 학교 선생님과의 상담 후에 더 불안해하면서 상담을 요청한다는 것이다. 특히 아무런 정보가 없는데, 우리 아이가 과연 네임밸류가 높은 대학에 진학할 수 있을까 하는 막연한 불확실성에 걱정이 더 커지는 상황이다.

나는 지난 17년 동안, 이러한 상황뿐만 아니라 다양한 불확실성 상황 속에 아이들을 컨설팅하여 1,000여 명 이상의 명문대생 합격자를 배출했다. 그중에는 이 아이가 정말 대학에 갈 수 있을까 하는 문제아부터, 모의고사 9등급이었던 학생을 서울권 4년제로 또는 국어 5등급, 6등급이었던 학생을 SKY로 보낸 것도 흔하지 않다. 최근에는 수도권 체육교육과만 가도 좋겠다는 아이를 서울대학교 체육교육과에 합격시킨 적도 있었다.

이 책은 아무런 정보 없이 막연하게 시작했던 체대 입시생들이 확고한 목표 의식을 가지고 나아갈 수 있도록 입시 준비의 방향과 동기부여가 될 수 있는 다양한 긍정적인 합격 사례들을 통해 믿음을 하나하나 심어줄 것이다. 그리고 아무 체육대학이라도 가면 좋겠다는 아이의 생각을 완전히 깨버리고 능동적으로 행동하여 SKY를 포함한 명문대 합격을 위한 핵심적인 전략을 소개할 것이다.

우리 아이가 서울대학교에 가겠다는 의지에 처음에는 헛웃음을 치며 설마 하는 의심을 하겠지만 어느샌가 실제로 합격하는 꿈을 꾸며 달려가는 모습에 행복해하는 모습을 발견할 수 있으리라 믿는다. 그 꿈을 현실로 이뤄낼 수 있도록 응원한다.

김민중

차례

2장

100% 합격을 위한 체대 입시 전략

체대 입시 특급전략 10

1장

체대 못 가는 학생은
있을 수 없다

처음부터 실패하는 체대 입시는 없다

SKY 체육교육과 합격의 비밀

대부분 처음 체대 입시를 시작했을 때, SKY 합격을 목표로 정한다. 그 목표를 향해서 우리는 짧게는 1년 길게는 12년 동안 달려나간다. 그렇게 나아간 목표의 종착지가 합격이길 바라면서 우리는 노력하고 노력한다. 그리고 마침내 합격을 쟁취한다. 근데 합격하는 학생들은 왜 합격하는 것일까? 더 좋은 문제지를 풀어서? 더 좋은 입시학원에 다녀서? 부모님이 부유해서? 간접적인 합격 요소로 반영할 수 있겠지만 필수적인 요소라고는 말할 수 없다. 그렇다면 어떻게 해서 쟁쟁한 라이벌들을 제치고 합격을 쟁취한 것일까? 이러한 합격에는 정확한 이유가 분명 있다. SKY 합격생은 우연이나 운 따위에 기댄 것이 아니다. 처음부터 합격할 수밖에 없는 방향을 가지고 입시 준비를 했기 때문이다.

그저 체육만 좋은 아이들

체대 입시를 이제 시작하는 자녀를 둔 부모님은 정보가 많이 부족하다. 정보가 없으므로 아이들에게 객관적인 조언을 해줄 수 없고 주변 지인 중에 자녀를 체대로 보낸 사례도 없어서 더 막막하다. 그렇기에 감정에 호소하게 된다. '조언'이 아니라 '훈계'가 되는 것이다. 이 시기가 자녀의 사춘기와 겹치게 되면 최악의 상황이 될 수 있다. 입시 문제로 자녀와 대화 자체가 단절되기도 한다. 그리고 이런 상황이 계속된다면 당연히 입시의 종착지는 '불합격'이다.

아이가 재수를 시작하게 되면서, 예전 상황을 되풀이하지 않기 위해 막연한 마음을 갖고 찾아오시는 분들이 많다. 그나마 다행인 것은 같은 방식으로 재수하면 또 불합격한다는 것을 인지했다는 점이다. 아이의 재수를 위해 상담하러 오신 학부모에게 나는 꼭 물어보는 질문이 있다. "왜, 아이가 불합격했다고 생각하세요?" 수초간 고민하다가 힘겹게 답변을 주신다. "정보가 부족해서요.", "제가 너무 몰랐어요." 틀린 이야기는 아니다.

상담하다 보면 정말 아이에게 유리한 전형이 있었음에도 불구하고 몰라서 지원조차 못 한 예가 있다. 하지만 근본적으로 정보가 부족했던 것이 불합격의 핵심 요인이 아니다. 그러한 학부모의 답변에 나는 이렇게 답한다. "아이의 불합격은 부모님 잘못이 아닙니다. 지금까지는 말이죠. 단, 이제부터가 중요합니다."

상담하러 온 부모님 옆에 약간 철없어 보이지만 해맑은 학생 A

가 앉아 있다. 불합격했지만 평소 재수는 필수라는 이야기를 많이 들어서인지 편안해 보인다. A는 불합격한 이유를 단순히 노력 부족으로 판단하고 있다. 그래서 재수하는 동안 열심히만 하면 당연히 합격할 것이라 믿는다. 그래, 다 좋다. 노력하면 합격할 수 있다.

A에게 나는 질문한다. "왜 체육대학을 가려 하니?" 이 질문에 A는 당연하다는 듯이 답변한다. "체육이 좋아서요.", "체대 가서 체육 선생님 되려고요." 이 답변은 A에게만 해당하는 것이 아니다. 이 책을 보고 있는 여러분 또는 체대 입시를 시작하는 모든 학생의 공통적인 답변이다. 거의 99%라고 해도 과언이 아니다. 그런데 문제는 여기서부터 시작된다. 핵심적으로 우리가 간과하는 것이 있다. 체육을 좋아하는 것과 체육대학 진학은 근본적으로 다른 문제이기 때문이다.

합격률 100%의 비밀

A는 누구보다도 체육을 사랑하는 학생이다. 그래서 체육대학도 가고 싶고, 부모님과 함께 상담도 왔다. 체육을 너무 사랑하기 때문에 학창 시절 체육 활동을 열심히 했다. 그리고 학교 정규수업이 끝나고 학교에 남아 친구들과 축구도 땀이 비 오듯 했다. 그리고 주말에도 친구들과 축구 외에 농구, 배구 등 안 해본 구기가 없다. 이렇게 체육만큼은 남들에게 지지 않을 정도의 열정적인 학생

이었다. 만약 서울대학교 체육교육과, 고려대학교 체육교육과, 연세대학교 체육교육학과의 정시입학 전형의 기준이 흥미 100% 선발이었다면 어땠을까? 이 A 학생은 합격은 당연하고, 아마 수석으로 합격했어야 한다. 하지만 현실은 대학 불합격이고, 재수하게 될 것이다.

서울대학교 체육교육과는 수능과 실기로 선발한다. 수능 반영 과목은 전 과목이다. 실기는 100m 달리기, 제자리멀리뛰기, 핸드볼공 던지기, 턱걸이(남), 매달리기(여)의 기초 종목과 구기(농구, 축구) 기능 종목을 평가한다. 수능 반영비율이 높고, 다단계전형을 채택하여 수능 점수로만 모집정원의 3배수를 실기대상자로 선발한다. 즉, 점수가 안되면 실기조차 볼 수 없다. 이러한 서울대학교 체육교육과 전형 방법에 체육을 사랑하는 A 학생은 왜 지원할 수가 없을까? 그 답은 너무나도 간단하다. A는 단순히 체육만 열심히 했지, 서울대학교에서 원하는 모집 학생과는 거리가 멀기 때문이다. A 학생은 체육을 좋아하는 학생이었지, 체대 입시생은 아닌 것이다. 그렇다면 이 A 학생이 체대에 합격하려면 어떻게 해야 할까? 어렵지 않다. 진정한 체대 입시생이 되면 합격할 수 있다.

서울대학교 체육교육과에 합격하는 학생들은 어떤 특별한 방법이 있었던 것이 아니다. 서울대학교 체육교육과 전형에 맞춰서 전략적으로 준비했을 뿐이다. 전형을 알고 있으니 누가 시키지 않아도 '자기 주도적'으로 움직였다. 하지만 안타깝게도 우리 또는 아이들은 자기 주도적으로 학습하면서 실기를 준비하지 않는다. 굉장히 단순한 공식이지만 그 공식에 맞게 행동하지 않는다. 대학을 진학하는데, 공부가 중요한 것은 지나가는 초등학생도 안다. 그리고 우리는 체대 입시생이기 때문에 실기도 중요하다는 것을 인지하고 있다. 이렇게 당연히 알고 있는데도 왜 행동하지 못하는 걸까? '정보의 불균형' 때문이다. 잘 모르기 때문에 행동할 수 없다. 알고 있었다면, 아마 그렇게 축구만 하지 않았을 것이다.

하지만 정보의 불균형보다 더 중요한 이유가 있다. 바로 누군가가 이야기해주지 않았다는 것이다. 더 세부적으로 이야기하면 '대학을 가려면 공부가 중요하다. 실기가 중요하다'라고 말로만 이야기한 것이다. 이렇게 일방적인 강요만 하니 아이들에게는 한낱 잔소리밖에 안 된다. 아마 우리 부모님들께서 자녀에게 흔히 하셨던 실수일 것이다. 일단 체대에 가고 싶어하는 아이에게 체대 입시에서 왜 공부가 중요한지, 왜 실기가 중요한지 인지시켜야 한다. 그리고 그다음에 앞으로 어떠한 방향으로, 어떤 우선순위로 학습을 해나가야 하는지 현실적인 방법을 제시해주면 된다. 마지막으로 방법에 맞춰 행동할 수 있도록 동기부여 해주면 된다. 종종 동기부여가 떨어질 때는 더 열심히 할 수 있도록 자극하면 된다.

이렇게 행동할 수 있는 시간을 최소 1년 이상 확보하면 합격률이 이미 100%가 되어 있는 것을 느낄 것이다. 체육만 좋아하는 학생이 될 것인가? 아니면 명문 체육대학 합격생이 될 것인가? 답은 이미 정해져 있다. 이제 행동하면 된다.

친구 따라 체대 입시 준비하면 망한다

유행(流行)을 타는 입시

유행의 사전적 의미는 '특정한 행동 양식이나 사상 따위가 일시적으로 많은 사람의 추종을 받아서 널리 퍼짐. 또는 그런 사회적 동조 현상이나 경향'이라고 정의한다. 나도 유행을 따라 학창 시절 많은 것을 따라 하고 모방했다. 특히 옷차림(패션)이나 특정 브랜드를 선호하거나 심지어 특별히 좋아하지 않는 연예인을 당시 인기가 있다는 이유만으로 유행 따라 팬이 되었다.

그렇다면 입시에서도 유행이 있을까? 너무나도 쉽게 'Yes'라고 답할 수 있다. 수능을 준비한다고 하면 우선 유명 강사의 인터넷 강의(인강)를 선택하는 경우가 있다. 인강을 들어본 학생이라면 누구나 알 정도로 유명한 강사의 현장강의(현강)을 신청하기 위해 학원 앞에서 새벽부터 줄 서서 대기하는 학부모들이 수없이 많지 않은가? 그리고 공부법에서의 유행은 오히려 더 수준 높은 강의를 제공할 확률이 높다. 또한, 자녀가 공부(!)한다는데 유행을 좇아서 인기 인터넷 강의를 신청하든, 옛 고전 교과서를 보고 자습하든 무슨 상관이 있을까? 공부하는 것 자체에 우선 박수를 보내고 싶을 정도다. 그렇다면 체대 입시에서는 어떨까? 결론부터 이야기하면 일반입시와는 완전히 다르다. 나의 입시 방향의 근간을 흔들 수 있는 중대한 선택을 절대 유행 따라, 친구 따라 결정해서는 안 된다.

학원 영업은 원생도 활용한다

2019년 초, 재수를 결정한 학생 B와 B의 어머님을 만났다. 어머님은 재수한 이유가 다 본인 탓이라고 생각했다. 입시에서 중요한 학원 선택을 무작정 아이에게 맡긴 것을 후회한다고 했다. 시간을 돌릴 수만 있다면 좋겠다고 상담 내내 읊조렸다. B는 상담 내내 고개를 잘 들지 않았다. 사실 부모님의 말씀에 객관적으로 반박할 수가 없었기 때문이었다. 나는 B에게 어떻게 학원 선택을 하게 되었는지 천천히 들어보았다. 이야기를 듣고 난 후에는 왜, 어머님께서 그렇게 후회하고 답답해했는지 금방 이유를 파악할 수 있었다.

B는 SKY 체육교육과 진학 목표를 하는 정시 준비생이었다. 상위권 대학을 목표로 했기 때문에 누구보다도 학업(수능)에 매진했고 성적 관리도 잘 되어 있는 학생이었다. 이렇게 고등학교 2학년

중반까지 목표대학을 위해서 차근히 잘 준비하고 있었다. 그러던 도중 같은 반 친구인 C의 흥미로운 제안(?)을 받았다. 친구 C는 고등학교 1학년 때부터 체대 입시학원을 등록해 다니고 있었다. 오랜 실기 준비 시간으로 실기 능력은 아주 좋은 편이었고 원내에서 원장님부터 선생님에게까지 인정받는 우수(?) 학생이었다. C는 더 인정받기 위해서 원생 유치에 적극적으로 힘썼고, 때마침 친구 B가 눈에 들어온 것이다. 학업도 우수하고 아직 실기 준비하지 않는 B는 C의 타겟으로 충분했다.

　지금도 네이버나 구글에 검색해보면 학원 등록 시 작게는 유니폼 지급부터 크게는 에어팟, 아이패드 등을 지급하는 것을 확인할 수 있다. 하지만 세상에 목적 없는 선물은 없다. 즉, 공짜는 없다. 입시학원은 친구 추천을 통해 등록할 경우, 학원을 소개한 학생에게 학원비 할인이나, 그에 상응하는 물질적 보상을 주었다. 거의 한 달 치 교육비를 추천 학생에게 지급해주는 것이다. C가 다니는 입시학원은 그 이상이었다. 구체적인 금액은 알 수 없었지만, 학원비 할인 대신 '현금'이나 현금처럼 사용할 수 있는 일명 '문화상품권(문상)'을 지급했다. 친구 C는 학원의 장점을 소개하기보다는 이러한 상황을 이용하여 B에게 접근한 것이다.

　"B야, 이번 달에 우리 학원 등록하면 내가 ○○원을 받는데, 그거 너한테 반 나눠줄게. 우리 학원 가자"라고 C는 이야기했고, 어차피 실기 준비를 위해 체대 입시학원을 알아보던 B는 C의 제안에 크게 고민하지 않고 C가 다니는 학원으로 등록했다. 이제는 재수생이 된 B의 이야기를 듣고 있었던 어머님의 상기된 얼굴에는 하염없이 눈물만 흐르고 있었다. 실제로 지금도 성행하는 마케팅 방법의 일종이고 생각보다 등록률이 높아서 더 자극적으로 영업에 활용하고 있다. 실기수업 능력 향상이나 상담프로그램 업그레이드, 입시 정보 분석 등이 먼저 마케팅에 활용되지 않는 점이 안타깝기만 하다. 그러나 문제의 본질은 이것이 아니다. 친구의 마케팅에 당했거나 혹은 단순히 집이 가까웠거나 등 등록 루트가 중요한 것이 아니다. 더 큰 문제는 등록 후에 발생한다는 것이다.

수동적인 학원 선택은 잘못된 전략을 짜게 한다

앞서, 학생 B는 SKY 체육교육과 진학을 위해서 정시전형을 목표하는 학생이라 소개했다. 체대 입시학원에 등록해도 B는 학업에 계속해서 매진할 생각이었다. 하지만 등록 초기상담으로 B의 입시 준비 방향은 완전히 수정되었다. C의 소개로 가게 된 학원의 원장은 B에게 정시전형보다는 수시전형을 강조했다. 수시전형 중에 '실기우수자전형'을 지원해야 한다고 했다. 그 이유로 성적이 부족하므로 SKY 체육교육과를 갈 수 없다고 했다. 정말 성적이 안돼서, 수시가 정말 유리해서 이렇게 이야기한 것일까?

실기우수자전형은 실기 우수라는 말 그대로 실기를 정말 잘해야 합격할 수 있다. 평가하는 전 종목을 만점 수준으로 만들어야 한다. 합격할 수 있는 수준의 실기 능력을 만들기 위해서는 주 2회 정도의 일반적인 훈련으로는 완성할 수 없다. 그러므로 실기우수자전형을 준비하는 학생들은 주 3~5회 정도의 고강도 훈련을 진행해야 했다. 실제로 수시 실기우수자전형은 이렇게 최소 고2부터 준비해야 안정적으로 합격할 수 있다. 그렇게 주 2회에서 주 3~5회로 수업 시간이 늘어남에 따라, 학원비도 비례해서 상승했고 고스란히 학생 B에게 부담이 됐다.

초기상담 방향이 맞고 틀리고를 떠나서 우리는 C가 B의 등록 선물로 현물을 받았다는 것을 인지해야 한다. 일반수업료보다 상대적으로 수업 시수가 더 많아 수시 특강료가 더 비싸다. C에게 지급한 선물비용을 회수하기 위해 B에게 억지로 수시 실기전형 지원을 종용한 것이다. 결국 B는 정시 준비를 포기했고 수시전형을 위해서 열심히 뛰었다. 수시 결과는 아쉽게도 불합격했고 고스란히 그 여파는 정시까지 이어졌다. 실기수업 시수를 늘린 만큼 학업에 소홀했기 때문이었다. 친구 따라서 학원 선택을 한 B의 고3 입시 결과는 참담했다.

체대 입시학원의 교육 목표

체대 입시학원은 일반적으로 체대 입학전형 중 실기 고사를 전문적이고 체계적으로 가르치는 전문 교육기관이다. 체대 입시 외에 삼군사관학교나 경찰대학을 준비하는 학생들도 체력평가를 대비하기 위해 체대 입시학원을 등록하며 심지어 소방, 경찰 공무원 수험생도 포함된다. 최근에는 체대 입시학원에서 실기 능력이나 체력을 올리는 목적 외에 학생의 전반적인 입시 준비 방향을 설정해주기도 한다. 즉 학생의 입시 전략까지 설계한다는 뜻이다. 이러한 체대 입시학원의 움직임은 상당히 긍정적으로 평가한다.

불과 10년 전만 봐도 입시 상담은커녕 대학별 실기도 없이 획일화된 단체수업이 주를 이루었다. 거기에 지원 대학 선택까지 아이들에게 정해오라고 한다. 최근에 컨설팅하러 오신 학부모의 이야기를 빌리면 지금도 그러한 일이 빈번하게 일어난다고 한다. 물론 모든 체대 입시학원이 위처럼 운영하는 것은 아니다. 전국에 지역별로 잘 운영하는 곳이 있고, 좋은 체대 입시학원을 선택하는 방법도 자세하게 소개할 예정이다.

이 책을 읽고 있는 지금 이 시각에도 학원들은 서로 경쟁하면서 다양한 마케팅 방법에 열을 올리고 있다. 그 마케팅의 사각지대에 우리 아이들은 여과 없이 노출되어 있다. B 학생처럼 말이다. 다행히 B는 현재 재수에 성공하여 인 서울권 유명 대학에 재학 중이다. 그래도 1년이란 재수 기간을 보낸 것을 생각하면 학생과 학부모들의 학원 선택은 아주 중요하다. 그 사각지대에서 빠져나올 수 있는 '골든타임'을 놓쳐서는 안 된다. 여러분의 인생을 능동적으로 현명하게 잘 선택하길 응원한다.

1년 전 준비가
학교 레벨을 가른다

우승의 성패가 달린, 스토브리그

전 국민 인기종목인 프로야구에는 '스토브리그(stove league)'라는 것이 있다. 통상적으로 스토브리그는 보통 우리가 미디어로 접하는 6개월간의 정규시즌(포스트시즌 제외)이 끝나고 각 구단이 다음 연도 우승을 위해서 구단 스태프들이 선수 스카우트와 연봉협상 등의 업무를 하고 선수들은 개인적으로 훈련을 하는 기간을 말한다. 이 기간에 구단 전체는 '전력 보강 및 강화'를 위해서 선수단의 분위기를 다져간다. 스토브리그를 어떻게 보내느냐에 따라서 1년의 성패가 달려있다고 해도 과언이 아니다.

1983년 프로야구 구단 중에 'MBC 청룡'은 후기 리그에서 우승을 차지하면서 한국시리즈에 진출했으나, 당대 최고의 팀이자 전기 리그 우승팀인 '해태 타이거즈'에 1무 4패로 1승도 거두지 못한 채 씁쓸히 우승을 지켜봐야만 했다. 이 결과에 대해서 지금까지도 여러 이유를 들고 있는데 그중 시즌 오프(season-off) 후 우승 보너스 지급에 대해 선수와 구단과의 마찰이 선수들의 사기 저하로 연결돼 한국시리즈 우승에 실패했다는 것이 주된 이유로 회자되고 있다.

2021년 신세계그룹은 'SK 와이번즈'를 전격 인수하면서 'SSG 랜더스'로 창단하기에 이른다. SK 와이번즈는 'SK 왕조'라는 타이틀이 있을 정도로 우승 청부사였으나 최근 하락세가 거듭되면서 2020년에는 9위라는 초라한 성적으로 시즌을 마무리하게 되었다. SSG 랜더스는 팀 분위기 쇄신을 위해서 스토브리그 기간에 많은 노력을 했고 그 노력 중 하나가 바로 '추신수' 선수의 영입이었다.

추신수 선수는 2021년 2월 23일, 14년간의 메이저리그 활동을 정리하고 국내로 전격 복귀했다. 이 영입의 효과로 팀 성적의 결과를 당장 예상할 수 없으나, 선수단 전체의 전력 강화뿐 아니라 모구단 교체와 팀명 변경으로 어수선한 분위기를 한 방에 잠재울 수 있었다.

나는 우승을 떠나서 아주 성공적인 영입이었다고 평가한다. 그리고 'SSG 랜더스'는 추신수 선수를 마케팅용으로 영입한 것이 아니라고 나는 분석한다. 영입의 목적에는 여러 이유가 있었겠지만, 그중 한 가지 확실하게 말할 수 있는 이유는 전력 강화를 위해서 팀의 전력분석관이 적극적으로 영입을 추진했을 것이며, 추신수 선수의 합류로 인해서 이미 목적은 충분히 달성했다고 본다.

체대 입시의 과정

이렇게 구단 1년의 흥망성쇠가 달린 스토브리그는 우리가 나아
가야 할 체대 입시 과정과 비슷한 점이 있다. 다음 표를 살펴보자.

| 체대 입시와 프로야구의 비교 |

체대 입시	프로야구
목표대학 합격	우승
학생	선수
부모님	구단주
체대 입시 준비 과정	스토브리그
용돈 및 그 외 보상	선수 연봉
입시 컨설턴드	팀 전력분석관

체대 입시생뿐만 아니라 전국의 학생들은 목표대학 합격을 위
해 1년 이상 열심히 입시 준비에 몰두한다. 그리고 '합격'이라는 우
승을 위해서 최소한 1년 전부터 길게는 2, 3년 동안 체대 입시 준
비 과정이라는 스토브리그 기간을 보낸다. 단순한 합격이 아니다.
진정으로 원하는 목표대학의 합격이다. 그 시작 기간이 빠르면 빠
를수록 합격이라는 우승의 확률은 더 견고하게 상승할 것이다.
　하지만 스토브리그라는 기간에 막연하게 최선을 다해서 준비한

다고 성공하는 것이 아니다. 분명 프로야구 10구단 체제에서 1위부터 10위까지 순위는 나뉘게 될 수밖에 없다. 그 순위는 선수의 노력과 능력으로 결정되는 것처럼 보이지만 그 뒤에는 팀에 속한 전력분석관의 냉철한 분석이 뒤따르기 때문에 가능했다고 본다.

전력분석관이 어떻게 분석하고 제시하느냐에 따라서 팀은 아쉬운 선수층이더라도 우승할 수 있다. 반대로 당대 국가대표급 간판 선수를 보유하고 연봉 총액이 1위여도 우승은커녕 포스트시즌(정규리그 종료 후, 5위까지 주어지는 가을야구) 진출에도 실패할 수 있다.

10위를 향해가는 야구팀과 같다

1년 이상의 준비와 전략이 없는 학생은 프로야구 10구단 체제에서 10위를 향해 달려가는 것과 같다. 학부모가 입시 준비의 방향이 없는 자녀를 위해서 값비싼 과외를 연결하고 유명한 수능 강사의 현강을 새벽에 줄 서서 등록해주고 용돈을 한 달에 100만 원이나 준다 해도 인서울은 고사하고 지방권 4년제에도 불합격할 수 있다.

2015년, 지방에서 올라온 재수생 D를 만났다. 아버지가 서울 강남에서 큰 병원을 운영하여 자녀가 해달라는 모든 요구를 다 들어줄 수 있는 만큼 금전적으로 여유가 있는 학생이었다.

이 학생은 주변의 시선을 상당히 중요하게 생각하여 친구들이 한다는 고액 과외나 현강을 과목별로 배치해 듣고 있었다. 문제는 학습관리 시간 계획을 보니 이것을 다 소화 못 하는 상황이었고, 아버지도 나의 초기 진단과 전략 컨설팅을 만류하고 아이가 원하는 대로 모든 조건의 과외를 붙여주었다.

실제로 그 학생이 쓰는 한 달 비용은 학원비 + 과외비만 무려 1,000만 원에 가까웠다. 결과는 어땠을까? 인 서울권 4년제는커녕 하향 지원한 지방권 대학도 모두 떨어질 정도로 처참한 수능 결과가 나왔다.

가끔 나는 그때 그 학생과 아버지에게 객관적인 현실 파악과 전략제시에 대해서 왜 더 강력하게 어필하지 않았을까 하는 아쉬움이 든다. 차라리 아무것도 모르는 백지상태의 고2나 적어도 고3 정도에만 만났어도 저런 결과가 나오지 않았을 것이란 생각이 뇌리에 박혔다. 지금도 그 학생만 생각하면 마음이 아프다. 고3 초기에 전략만 잘 세웠어도 늦어도 재수 시기에 원하는 목표대학에 합격했을 것이다.

계속된 실패로 자존감을 상실한 상태에서 더 이상의 전략은 무의미하게 돼버린 그 학생을 생각해보면 1년 전의 체계적인 준비가 얼마나 중요한 것인지 알 수 있다. 프로야구의 스토브리그와 지방에서 올라온 D 학생의 사례처럼 철저한 사전전략 설정의 중요성은 몇십 번, 몇백 번을 강조해도 지나치지 않다.

막연하게 고1, 고2를 보내고 있는 우리 아이들에게 완벽한 입시 전략 설정까지 바라지도 않는다. 이 책을 통해 적어도 올바른 준비 방향만이라도 잡을 수 있다면, 몇 년의 시간과 억대의 돈도 아꼈을 뿐 아니라 아이의 인생도 더 앞서나가는 전환점이 되었으리라 나는 자부한다.

아이에 대한 무한 신뢰가 서울대로 이끈다

날 웃게 만드는 합격생들

2015년경, 고등학교 동문 후배이면서 제자인 E 학생을 만나 식사를 했다. E 학생은 서울대학교 체육교육과에 OX 학번으로 합격했고 군대 전역 후, 오랜만에 근황 소식도 듣고 미팅도 할 겸 만나게 되었다. 식사가 나오기 전에 나는 서울대학교에 합격한 학생들에게 첫인사와 함께 형식적으로(?) 항상 물어보는 질문을 했다.

"서울대학교 가니, 좋아?"

보통 이 질문을 받으면 반응이 비슷하다. 질문에 대한 답변이 바로 나오지 않고 약간의 미소와 함께 살짝 뜸을 들이는 것이 첫 반응이다. 그리고 뭔가 해낸 듯한 만족스러운 표정과 함께 오는 한마디는 언제 들어도 내가 합격한 것처럼 기분 좋은 답변이 돌아온다. "너무 좋죠, 다 선생님 덕분이죠." 이렇게 E 학생처럼 말해주는 수

많은 제자가 고맙기만 하다. 이런 화기애애한 분위기에 제자들은 꼭 부모님에 대한 감사를 잊지 않는다. "특히, 제가 서울대 합격하니까 부모님이 너무 좋아하셨어요. 저보다 더 좋아하시던 모습이 잊히지 않습니다. 하하." 이렇게 즐거운 대화가 계속 오갔다. SKY 합격생들과의 식사 또는 티타임은 언제 해도 기분 좋은 일이다.

합격의 시작은 부모님이 만든다

E 학생은 처음부터 나를 만난 것이 아니었다. 사실, 더 정확하게 말하면 나를 만날 생각도 없었고 지방의 체대 입시학원 원장님 및 실기교육 강사 선생님을 더 신뢰한 학생이었다. 오히려 외부의 컨설팅 같은 것은 필요 없다고 생각하는 고등학생이었다. 하지만 이런 E 학생이 나를 만나기까지는 그리 오래 걸리지 않았다. 만날 수 있게 큰 공을 세우신 분은 바로 E 학생의 아버님이었다. 물론 중간 미팅은 어머님이 담당하셨으나, 처음 나를 알게 된 건 훗날 알게 되었는데 아버님의 역할이 컸다.

아버님께서는 ○○ 경찰서에 재직 중이셨고, 평소 아들이 체육대학에 진학한다고 하니 모르는 척하면서 관심이 상당히 많았었던 분이었다고 한다. 그래서 어떻게 하면 아들의 대학 진학에 도움을 줄 수 있을까 생각하면서 정보를 찾아보셨다고 한다. 수소문을 끝에 경찰서에 복무 중인 의무경찰(의경) 중에 체육교육과 출신이 여러 명 있다는 것을 확인했고 그 체대 출신 의경에게 체대 입시 컨설팅을 받고 싶은데 누가 유명한지를 알아 보기 시작했다. 그 때 체대 입시학원의 추천도 있었지만, 대부분의 의경이 추천한 사람은 김민중 선생님으로 좁혀졌다고 한다. 그 의경 중에는 이미 내가 운영하는 네이버 카페인 '체대입시클리닉'의 회원도 있었고 고려대학교 체육교육과 재학생도 있다고 전해 들었다. 평소 아들을 위해서 정보를 찾던 아버님은 이미 '체대입시클리닉'에 가입한 상태였고 주저 없이 E 학생의 어머니에게 상담을 가보라고 전해주었고 E 학생과의 첫 만남은 그렇게 쉽게 시작될 것으로 생각했다.

어머님을 처음 만난 것은 E 학생이 고2를 올라가서 첫 모의고사를 치른 시점인 4월 초였다. 첫 컨설팅 당일 뵀던 어머님의 당시 표정은 지금도 생생하게 기억한다. 어머님은 컨설팅룸의 의자에 앉기 전까지는 정말 태연해보였고 나를 지긋이 대면했다.

하지만 의자에 앉고 첫인사를 나누고 약 10초 정도가 지났을까? 아마 누가 옆에서 툭 건드리면 우실 것 같은 표정이 되셨고 나는 이 상황을 금방 이해할 수 있었다. 이러한 상황이 여러 번 있었기 때문에 익숙했지만, 어머님과 공감하기 위해서 티를 내지 않았다. 그리고 당황해하시는 어머님을 위로하기 위해 첫 마디를 꺼냈다. "고등학생 아들 키우시기 힘드시죠?" 이 한마디를 꺼내자마자 폭풍 눈물을 쏟았고 준비되어 있던 티슈로 한동안 어머님이 진정될 때까지 어머님 힐링캠프를 시작했고, 이내 평온한 마음으로 돌아왔다.

'어떻게'를 자녀와 공유하라

예상했을 수 있지만, 그날 컨설팅에는 아이가 오지 않았다. 컨설팅 전날까지 밤새 아들에게 상담을 권유했지만 아이는 완고했고 만나면 방법이 있겠지 하는 기대감에 어머님만 방문하신 것이다. 아마 어머님들 대부분은 아이에게 컨설팅 예약을 했으니 가자고 통보했을 것이다. 보통 아이들은 나를 알고 있거나 '체대입시클리닉' 카페 회원이거나 나의 유튜브 채널인 '민중쌤tv' 구독자였다면 문제없이 동행했을 것이다. 오히려 연예인을 만나는 기분이라고 더 좋아서 주도적으로 컨설팅을 받으러 오는 학생들도 많다.

우선 어머님에게 1시간 정도 체대 입시 전반의 전략을 설명해주었다. 상담 초반에는 설명해주는 내용을 다 전달할 수 있을까 하는 걱정도 있었지만, 상담 종료 후에는 뭔가 방향을 잡은 듯 홀가분한 표정이 되셨다. 상담의 주 내용은 아이와 다시 이야기할 수 있도록 '공감될 만한 이야기'를 설명해주었다. 결론만 담긴 명령이 아니라 아이에게 왜 해야 하는지(공부, 전략 등), 그 중요성이 무엇인지 그렇다면 어떻게 해야 하는지를 최소한의 정보라도 설명해주고 아이의 생각에 공감하려고 노력해야 한다고 말씀드렸다.

상담 후, 두 달 정도가 지나고 어머님이 재방문했을 때는 다행히 혼자가 아니었다. 컨설팅 때 설명해 드린 내용을 아들에게 잘 전달하고 공유한 결과였다. 그때 상당히 머쓱해 하는 E 학생을 처음 만났다. 그 첫 만남이 서울대학교 체육교육과 합격의 시작이 되었다. 중간에서 노력했을 어머님의 노고를 생각하면 당연한 결과라고 생각한다. 그 시작을 만드신 건 부모님이었다.

두 달 정도가 걸리는 이유는 보통 아이들이 부모님의 이야기를 듣고 소화하는 시간이라 생각하면 된다. 아무리 좋은 이야기라도 부모님이 이야기하면 우선 한 귀로 듣기 시작한다. 이럴 때 아이들은 부모님의 말씀을 흘려보낼지 아니면 받아들일지 생각할 수 있도록 자기 방이나 독서실 같은 독립된 공간에서의 'Time Block(아무도에게도 방해받지 않는 시간)'을 필요로 한다.

중요한 것은 이 소화하는 기간에 정기적으로 아이와 공감하고 이야기를 나눠야 한다는 것이다. 그리고 아이가 혼자만의 시간을 가지고 생각할 수 있게 일주일 정도 충분한 여유를 주고 기다려야 한다. 그리고 아이와 자연스럽게 외식 같은 식사 자리에서 대화를 이어나가면 된다. 그렇게 반복하다 보면 아이가 더 디테일한 상담을 요청할 것이고 그때 입시 컨설턴트와의 만남을 연결해주면 된다.

합격은 부모님 손에 달렸다

보통 체대 입시는 앞서 말했듯 처음에 아이들의 결정으로 시작된다. 하지만 학생 대부분이 기본적으로 자기주도학습이 안 될뿐더러 왜 내가 대학을 가야 하는지, 가야 하기 위해서는 어떻게 해야 하는지를 기본조차 모르고 시작한다.

서울대를 포함한 명문대에 합격한 학생들은 공통으로 자녀의 무한히 신뢰하고 지지해준 부모님이 있었다. 그 전에 자녀가 올바른 입시 준비 방향을 설정하기 위해서 부모님이 더 노력하고 입시 정보에 대해서 찾아보고 입시 컨설팅을 받아보고 그렇게 알아낸 정제된 정보를 아이와 공유하려고 노력했다. 그 공유하려는 과정이 아이의 심리적, 행동적 변화로 연결되어 합격의 근육으로 재생성되는 것이다. 재생성하는 과정을 반복하다 끝내 서울대학교 합격이라는 값진 결과를 얻게 된다.

합격은 학생만 노력해서 될 일이 아니다. 잘 되면 학생이 잘해서라고 부모님께서는 자녀에게 그 공을 돌리지만 반대로 불합격했을 때는 다 부모 탓이라고 생각하고, 왜 아이에게 미리미리 말하고 같이 준비하지 못 했을까 후회한다. 하지만 이미 늦었다. 이 책을 보시는 독자분들도 공감했으면 한다. 노력만으로 아이가 SKY 체육교육과 등의 명문대에 합격 가능하다면 무엇이든 할 수 있을 것이다. 그리고 그 노력의 방법은 멀리 있지 않다.

한 개 틀리면 한 대씩, 매가 전략이었던 시절

나는 초등학교 시절, 수학을 남들보다 조금 더 좋아했었고 수학 점수는 잘 나오는 편이었다. 그 점수 덕(?)에 공부에 소질이 있다고 판단한 부모님께서는 동네에서 공부 잘하는 아이는 전부 다닌다는 유명한 보습학원에 등록시켰다. 등록 초기의 반 편성 평가에서는 수학 점수가 잘 나왔다. 그 점수를 기반으로 전체과목 평균 성적이 높아 상위권 클래스에 들어갈 수 있었다. 부모님께서는 그 당시 상위권 반에 소속된 것만으로도 상당히 기뻐하셨다. 기뻐하시는 부모님을 보고 덩달아 같이 좋았지만 상위권 반에 들어가고 나서 문제가 발생했다.

중·하위권 반에 비해 상위권 반은 영화 〈300〉처럼 말 그대로 스파르타 반이었다. 무조건 스파르타 방식이 나쁘다는 것은 아니나, 금방 잘못된 선택이었다는 것을 몸으로 알아챘다. 상위권 반의 담임선생님은 올백점 신봉자였다. 종종 진행되는 쪽지 시험에서 틀린 개수대로 매를 들었다. 한 개 틀리면 한 대씩 맞았다. 이 사실을 부모님께 말도 못 했다.

혹시나 부모님께 실망을 안겨드리지는 않을까 해서 억지로 학원에 다녔다. 그 당시에는 선생님의 권위가 하늘을 찌르는 시대적 분위기 때문에 누구 하나 맞았다는 사실을 말할 수 없었다. 훗날 아버지가 목욕탕에서 내 엉덩이의 멍 자국을 보고 곧장 교습학원을 그만둘 수 있었다. 사실 학원을 그만두게 된 안도감보다 억지로 학원에 다니는 동안 학업의 흥미가 떨어진 것이 더 아쉬웠다. 성적을 더 올리기 위해서 학원에 다녔는데 올리기는커녕 흥미까지 잃어버리게 된 것이다.

노력 99% = 無 전략

다행히 지금은 매가 전략인 시대는 갔다. 하지만 '동기부여'라는 그럴싸한 단어를 앞세워 무작정 노력을 강요하는 상황을 심심치 않게 볼 수 있다. 방향 없이 가는 배는 열심히 노를 저어 언젠가는 목적지에 도착할 것이다? 그나마 도착하면 정말 다행이다. 하지만 비효율성으로 인한 시간 허비, 마음의 상처는 그 배를 탄 선장(부모님)이나 선원(학생)에게 그대로 돌아간다. 가장 최악의 상황은 열심히 노를 저었지만, 목적지에 도착도 못 하고 바다 한가운데 침몰(불합격)하게 되는 것이다. 이렇게 목적지를 향한 방향(전략) 없는 무의미한 노력은 허공에 총을 쏘는 것과 같다.

그리고 이와 같은 상황은 체대 입시에서도 빈번하게 일어난다. 각자 나름대로 전략을 가지고 노력했지만 실패한 학생을 매년 수없이 보았다. 정말 마음 아픈 것은 하나같이 학생들이 "저는 정말 노력했어요"라고 말하는 상황이다. 물론 노력하는 과정도 중요하다. 하지만 입시는 결과가 모든 것을 말해준다. 입시는 정말 가혹하다.

'4당 5락'이라는 말이 있다. 심지어 '3당 4락'이라는 말까지 있다. 4시간 자면 합격하고 5시간 자면 떨어진다는 말이다. 만약 4시간만 잔다고 합격할 수 있다면, 아마 부모님들께서는 무조건 20살이 될 때까지 4시간만 자게 할 수도 있다. 아마 그렇게 할 것이다. 나도 어느 정도는 '4당 5락'을 긍정적으로 생각하는 편이나, 여기서 생각할 것이 분명 있다.

'한국청소년정책연구원'에서 지난해 5~7월 초·중·고교생 8,201명을 대상으로 한 청소년 건강조사에서 한국 청소년의 평균 수면시간은 '7시간 18분'으로 발표했다(2020년 8월 3일, 연합뉴스). 고교생으로 한정 짓는다면 수면시간은 7시간 이하로 더 줄어들 것이다. 수치상으로 단순히 계산해보면 '당'을 위해서 6시간 정도 자고 있다면 깨어있는 시간이 무려 18시간이나 된다. 아마도 이 많은 시간 동안 순수하게 노력한다면 누구나 SKY 체육교육과는 당연히 합격해야 할 것이다.

하지만 그렇지 않다. 여러 가지 변수가 있겠지만 단순하게 노력만 한다고 해서 얻어지는 결과가 아니다. 그 노력 뒤에 숨겨진 필승전략이 있으므로 남들보다 앞서 나가는 것이다. 필승전략 수립도 단순하게 노력한다고 얻어지는 것이 아니다.

필승전략 수립의 포인트

구독자 수 17만의 유명 유튜버(Hbro 윤성)이자, 숭실대 15학번 제자인 장윤성 트레이너와 체중 감량을 위해 같이 운동한 적이 있다. 항상 장 트레이너는 몸을 만들기 위해 정확한 식단과 루틴있는 운동을 강조했다. 체중 감량을 위해서는 왜 정확한 식단과 루틴있는 운동을 강조할까? 세밀하게 살펴보면 체중 감량의 방향은 체대 입시의 합격과 비슷한 부분이 많이 발견할 수 있다. 본질에서 다를 수 있으나 체중 감량의 포인트가 '식단 및 운동법', '운동(수행)'이라면, 체대 입시는 '전략(컨설팅)'과 '실기(준비)'라고 할 수 있다.

체중 감량을 목적으로 식단을 조절하면서 운동하는 F가 있다. 만약, F가 첫 4주 동안 체중 감량이 없었다면 보통 그 이유를 운동량이나 식단에서 찾는다. 그래서 5주부터 F의 운동량을 늘리거나 식사량을 줄이는 쪽으로 전략을 수정한다. 하지만 운동을 늘렸거나 식사량을 줄였는데도 8주 동안 F의 체중 감량이 안되었다면 어떻게 할 것인가? 다음 9주부터는 식단 중에 탄수화물 성분이 많았는지 확인하거나 운동을 걷기 위주보다 러닝을 많이 하여 운동강도를 더 높이는 쪽으로 전략을 수정한다. 여기서 변수가 발생한다. 만약 F가 트레이너 몰래(어쩔 수 없이) '치킨'을 먹었다면 어떻게 해야 할까?

보통 체중 감량이 안된 원인을 '치킨'이라 생각하기 쉽다. 하지만 나는 이 문제를 다른 관점으로 본다. 본질적으로 전략인 '식단'과 '운동'을 분석하지 않고 일반적으로 '치킨'을 먹은 당사자를 질책하기 쉽다. 이 상황을 체대 입시와 비교하면 노력하지 않은(치킨을 먹은) 학생을 비난하게 된다. 실질적인 전략인 '식단'과 '운동'이 잘 이루어지는지 분석하지 않은 채 말이다. 트레이너에게 질책받은 F는 앞으로는 치킨을 절대 먹지 않노라 다짐한다. 문제는 '열심히 운동과 식단을 지키면 되면 체중 감량이 되겠지'라는 막연하고 단순한 믿음만 남게 된다는 것이다.

체중 감량을 예로 들었지만 확실한 전략의 유/무 차이는 크다. 합격과 불합격을 나눌 정도로 확실한 전략 수립은 매우 중요하다. 전략이 있는 학생은 대입을 준비하는 과정에서 불안감이 아닌 합격에 대한 '확신'이 있기 때문에 동기부여로도 연결된다. 그 동기부여는 성적 상승과 실기 능력 향상으로 이어진다. 반대로 전략이 없거나 전략 수정이 전혀 없다면 막연한 노력으로 불안함의 연속이 계속될 것이다. 오히려 중도에 입시 준비 자체를 포기하지 않는 게 다행일 정도다.

구분	체중 감량	체대 입시
	트레이너	입시컨설턴트
	식단과 운동법	전략
상황	운동하기	실기 준비
	치킨을 먹었다	노력하지 않았다
	다시는 치킨을 안 먹겠다	더 열심히 노력하겠다
결론	제대로 된 전략(수정) 없이 노력하기만 함	

　단순히 '열심히 하라'는 격려는 사실 무책임한 상담일 수 있다. 정말 열심히 노력한 학생들에게 "넌 노력이 부족해"라는 식으로 무작정 판단해 버리는 것은 선생님의 무지함을 드러내는 것과도 같다. 그러한 선생님의 판단(컨설팅)을 듣고 단순히 '내 노력이 부족해서 성적이 오르지 않았어', '대학에 합격하지 못했어'라고 생각하는 학생들이 너무 많다. 또한 옆에서 같은 막연한 방식으로 우리 아이들을 평가하는 학부모들도 너무 많다. 그렇게 '오판'하지 않기 위해서 확실한 입시 전략 수립은 너무나도 중요하다. '확실한 입시 전략 수립이 체대 입시 합격의 99%를 차지한다'는 말이 절대 과언이 아니다.

'재수는 필수고 삼수는 선택이다'

체대 입시를 포함하여 전체 대학입시에서 통용되는 말이다. 이 말은 누가 만들어냈는지 모르나 아주 확실하고 멍청한 헛소리다. 요즘은 '재수, 삼수는 필수고 N수가 선택이다'라고 더 업그레이드 되어 돌고 있다. 어느 누가 재수하기를 바라겠는가?

내가 생각하기에는 재수생을 위로하기 위해서 또는 재수학원에서 만들어낸 슬로건(?)같은 것으로 생각된다. 아니면 저출산 시대에 재수생을 더 양산하여 학업 가능 인원을 더 만들기 위한 범국가적인 계획은 아닐까 하는 엉뚱하지만 일리 있는 생각도 스쳐 지나간다.

여기서 우리가 생각해봐야 하는 것이 있다. 만약 원하는 학교에 합격하지 못해 어쩔 수 없이 재수를 선택하게 된다면 재수 비용은 대략 어느 정도일까? 재수의 학업 대비 방법에도 독학, 인강, 종합학원, 기숙학원 입소, 템플스테이, 과외 등이 있다. 체대 입시에는 실기전형이 있으니 인근의 체대 입시학원 등록, 기숙형 체대 입시 시스템, 혼자서 헬스장에서 다니다가 수능 후 시즌 특강 등이 있다. "재수하는데 사교육비는 하나도 안 들어가요"라고 생각하는 분은 이 책을 바로 덮어도 좋다. 이 치열한 경쟁 속에서 그냥 얻어지는 결과가 없듯이 평균 이상의 투자가 받쳐줘야 하는 것은 사실이다.

그래서 재수의 방향과 방법으로 일반적인 '수능학원+체대 입시학원'을 예로 들어보겠다. 기간은 수능 준비의 경우 2월부터 수능이 종료되는 11월까지, 실기 준비는 두 가지로 나누어 수능 전인 3월부터 10월까지, 수능 후 시즌 특강으로 나누겠다.

| 수능학원 +체대 입시학원 비용 |

재수종합학원 등록비	150만 원 × 10개월 = 1,500만 원
체대 입시학원 등록비	150만 원 × 10개월 = 1,500만 원
체대 입시학원 시즌비	400만 원 내외

총합 : 2,220만 원

보통 위 사항은 우리 부모님들이 이 정도만 들어갔으면 하는 희망적인 안으로, 여기서 많이 간과하는 부분이 추가 비용은 그때 가서 염두에 두자 또는 '아이가 원해도 안 하면 되지'라고 넘겨버리는 경우다. 하지만 생각해야 할 여러 가지 추가사항이 있다.

예를 들어 수능 교재비, 수능 특강비(과외, 인강, 종합학원에서 진행하는 추가 특강), 실기를 위한 기타 잡비, 용돈 등이 있다. 이것들을 대략 포함해 본다면 다음과 같다.

| 체대 입시 준비 중 추가사항 비용 |

재수 시작 첫 교재비	50만 원
월 교재비	5만 원 × 10개월 = 50만 원
인강비	5만 원(월 등록) × 10개월 = 50만 원
용돈	20만 원 × 12개월 = 240만 원
건강보조식품(보충제)	8만 원 × 12개월 = 96만 원
추가 특강비	50만 원(2과목 기준) × 10개월 = 500만 원
과외비	40만 원 × 10개월 = 400만 원

총합 : 1,386만 원

위 표로 확인되는 추가 비용만 1,386만 원으로 기본학원과 합치면 약 3,600만 원 정도가 책정된다. 만약 기숙학원을 선택하는 경우 한 달 기숙학원 비용은 학원마다 300만 원 내외로 책정되어 있으므로 재수비용으로 5,000만 원 이상 든다. 혹시 삼수까지 한다면 1억 원에 육박하게 된다.

부모님들이 비용이 많이 들어가도 기숙학원을 선택하는 이유는 명확하다. 이보다 더 좋고 효율적인 재수 방법은 없기 때문이다. 사실 재수생이면 성인이기 때문에 확실히 컨트롤해줄 수 있는 곳을 찾기도 하고, 코로나19를 고려하면 가장 안전한 곳이기도 해 최근에는 기숙학원을 많이 선호한다. 시시각각 변화하는 입시 상황을 고려하면 어쩌면 당연한 선택이다.

합격을 위한 최선의 선택

재수했을 때의 비용에 대해서 간단하게 정리했다. 아마 대부분 부모님께서는 이 정도의 금액을 지불해야 한다는 것에 대해서 생각해보고 재수를 선택하지는 않을 것이다. 물론 이 정도 소개한 내용처럼 비용 또는 그 이상이 들어도 우리 아이를 명문대에 합격시킬 수 있다면 상관없다고 생각하시는 부모님도 있을 수 있다. 돈으로 가늠할 수 없지만, 아이를 향한 부모님의 마음은 그 깊이를 헤아릴 수가 없다.

그러한 부모님의 목표는 절대 재수, 삼수가 목표가 아니다. 우리 아이가 재수, 삼수할지라도 명문대에 합격하는 것이다. 그래서 나는 명문대 합격을 위해서는 '재수'도 전략이 될 수 있다고 판단한다. 혹시 제대로 된 전략 없이 고3 생활을 했거나, 그러한 전략을 너무 늦게 수립해서 어쩔 수 없이 재수를 선택하게 될 수 있다.

그렇게 합격을 위한 최선의 선택인 재수를 한 경우, 다시 한번 힘을 내어 계획을 수립하여 여러분의 목표하는 대학에 합격하길 응원하는 바다.

입시를 넘어 졸업 후 진로까지 설계하라

입시 체제 변화의 이유

2022학년도 고등학교 생활기록부(생기부)의 작성 방식이 변경됐다. 다양한 변경사항이 있지만 중요한 것은 이전 생기부보다 더 '간소화'됐다는 것이 포인트다. 2022학년도 생기부는 2020년에 변경된 생기부가 2021년에 다시 한번 변경된 것으로, 특히 2019학년도 이전 생기부와는 '진로 활동' 관련 사항의 작성 변화가 눈에 띈다.

2019학년도 생기부에서는 진로 희망 사항에 학생의 희망뿐 아니라 학부모의 의견까지 기재하고 희망 사유까지 자세하게 작성할 수 있었다. 그러나 2020학년도에 생기부 작성 방식이 변경되면서 학부모 의견 작성란이 삭제되었다. 아무래도 학생의 진로 사항에 학부모의 의견이 들어가는 것이 불합리하다고 판단되어 삭제한 것으로 보인다.

그리고 현재 2022학년도 생기부에서는 '창의적 체험활동'의 진로 활동으로 희망 분야를 간단하게 기재하는 것으로 변경되었다. 그리고 그와 관련된 어떠한 활동을 했는지를 중심으로 작성하는 것이 추가됐다. 학창시절에는 언제나 본인의 진로가 바뀔 수 있어야 한다. 그리고 아이들의 취미, 가치관 등도 시시각각 변할 수 있다. 그렇기에 나는 지금의 작성방식의 입시제도가 긍정적인 변화라고 평가한다. 이전의 생기부 작성방식은 학생들의 열린 생각을 오히려 더 닫고 폐쇄적, 입시적으로만 생각하는 상황을 만들었다. 현장에서 생각보다 아이들이 갖는 진로에 대한 부담감이 상당히 컸고 이에 따른 부작용이 많았다고 판단한다.

이러한 상황을 벗어나기 위해서 문서화, 정형화되는 생기부 작성 방식부터 변화가 필요했다. 이와 같은 변화를 위한 노력은 이미

| 2019학년도 이전까지의 진로 활동사항 작성 방식 |

학년	특기 또는 흥미	진로 희망		희망 사유
		학생	학부모	
3	농구, 배구, 축구	체육교사, 체육관련직업, 재활치료사	체육교사	체육중점학급과 체육거점학교를 통해 실기와 이론을 공부하면서 체육과 스포츠가 서로 다른 것임을 이해하게 됨. 본인은 스포츠보다는 체육에 소질이 있다는 것을 느끼고 스포츠로서의 신체 활동의 능력을 함양하기 보다는 문화로서의 스포츠를 공부하여 이를 학생들에게 전수하고 싶은 생각을 하고 있음. 자신이 공부한 것을 다른 이들에게 설명하고 전달하는 것에 흥미를 느끼고 있음.

학년	진로 희망	희망 사유
1	스포츠 마케티	평소 운동에 관심이 많아 스포츠와 관련된 직업을 찾던 중 교내에서 주최한 경영학 강의를 듣고 생산자가 상품과 서비스를 유통시키는 단계에서 가장 중요한 마케팅이 스포츠에도 중요하다고 느껴 스포츠 마케팅을 하고 싶다는 생각을 함. 학교 홍보부의 일원으로 홍보 활동을 경험하면서 마케팅의 중요성을 깨닫고 다양한 마케팅을 해보고 싶다는 생각을 함.

| 2022학년도의 진로 활동사항 작성 방식 |

진로활동	희망분야	체육교육 분야
	정보화 교육에 참여하여 4차 산업혁명의 개념과 정의, 핵심 역량에 대해 이해하고 설명해보는 시간을 가짐으로써 인공지능에 대해 이해하고 미래 사회에서 해결하게 될 여러 가지 사회적 문제를 예측하며 인공지능의 역할을 이해함. 나아가 정보 기술의 발달과 소프트웨어가 개인의 삶과 사회에 미친 영향과 가치를 분석하고 그에 따른 직업의 특성을 이해하여 자신의 적성에 맞는 진로를 탐색해 봄.	

교육 현장에서 긍정적인 효과를 봤다. 학생들이 자신의 진로 설정을 위해서 능동적으로 더 움직이기 시작한 것이다. 그리고 학부모들도 그 움직임에 동행하고 있다.

체대 나오면 뭐하니?

최근 입시 컨설팅 경향을 보면 체대 입시를 시작하는 시기가 상당히 빨라졌다. 불과 3년 전과 비교해봐도 고등학교 2학년 자녀를 둔 어머님의 컨설팅 요청이 부쩍 늘었다. 심지어 중학교 2학년 아들을 둔 어머님께서 아이의 진로 방향을 고등학교 입학 전에 설계하기 위해서 신청한 경우도 있다. 대입과는 상관없이 아이에게 무언가라도 방향을 정해주고 싶다는 것이 어머님의 생각이었다.

현장에서 보면 컨설팅을 신청하는 이유는 다양하다. 자녀의 학습동기부여 고취, 막연한 입시 준비 방향의 불안감 탈피, 양질의 입시 정보 습득 등 여러 이유가 있다. 이렇게 자녀를 위한 궁금증 해결을 위해 방문하는데 꼭 나오는 공통 질문이 있다.

"체대 나오면 진로가 어떤 것이 있나요?"

"체육 선생님 할 수 있나요?"

위 질문을 수도 없이 받아봤다. 현장에서는 물론 여러 가지 사례를 들며 답변을 드린다. 이번에는 이 질문의 답을 다른 관점으로 설명하고 싶다. 이 책은 진로 관련 책이 아니기 때문이다. 나는 이렇게 다시 질문드리고 싶다.

"왜 체육 선생님이 되고 싶니?"

"아이가 왜 체육 쪽 진로를 가고 싶어 하는 것 같으세요?"

이렇게 질문하는 이유는 여러 가지가 있다. 여러 이유 중 확실한 것은 아이가 어떤 생각을 가지냐에 따라서 입시 결과가 완전히 달라지기 때문이다. 그냥 단순히 남들이 다하는 진로를 위해서 나아간다면 충분한 동기부여가 되지 않을 뿐 아니라 수동적으로 어쩔 수 없이 행동할 수밖에 없다. 그렇게 시간만 막연히 흐르게 되면 자연스럽게 결과는 목표대학의 불합격으로 이어진다.

입시 중의 진로 설계는 그만큼 중요하다. 진로가 바뀔 수는 있으나 아이가 정말 어떤 것을 원하는지 그 방향을 같이 고민해주고 찾아주는 노력만으로도 아이는 큰 동기부여를 받는다. 더 좋은 것은 그렇게 해서 아이가 진정 원하는 것을 미리 찾을 수도 있다. 그렇게 되면 자신의 목표대학을 위해서 누가 시키지 않아도 아이는 알아서 능동적으로 움직이게 된다. 입시에서 이러한 진로 설계는 강력한 합격 DNA를 일깨워준다. 진로 설계의 힘은 상당히 막강하다.

막강한 진로 설계의 힘

지방에서 올라온 학생 G는 서울권 소재 체육교육과를 목표로 하는 학생이었다. 중학교 때부터 체육을 너무 좋아해서 고등학교에 진학하고 나서도 체육 관련 활동을 왕성하게 했다. 하지만 이것만으로는 G는 만족할 수 없었다. 그래서 체육대학 진학을 결심했다. 하지만 G는 '내가 어떤 목표를 위해서 체육대학을 가려는 것이지?'에 대한 의문을 품었다. 이러한 고민이 있다는 것을 파악한 G의 어머님께서는 '체대입시클리닉'에서 검색 정도의 활동만 하다가 G가 고등학교 2학년이 되자 상담을 신청했다.

상담 초반에 아이와 한 20여 분 정도 대화를 나누었다. 시간 가는 줄 모르고 아이의 이야기를 듣다 보니, 두 가지 문제점을 발견할 수 있었다. 첫 번째는 무작정 체육교육과를 선호한 점이다. 사실 이 부분은 누구나 흔히 가질 수 있는 것이라 큰 걱정을 할 필요가 없다. 두 번째 이유가 큰 문제였다. 두 번째는 아이가 앞으로 어떤 것을 해야 할지 구체적으로 알지 못했다.

다양한 체육 관련 활동을 하고 있었지만, 그 활동의 목적(목표) 자체가 없었던 것이다. 그래서 고2가 되었을 때는 학습 의지에 대한 동기부여를 상실할 정도로 심각한 상황이었다. 그래도 다행히 조기에 해결책을 찾을 수 있었다.

G는 누구보다도 축구를 좋아하는 학생이었다. 단순히 가족을 따라 프로축구 경기를 직관하러 가는 정도의 흥미를 뛰어넘었다. 어느 정도였냐면 국내 1부 리그 선수뿐 아니라 2부 리그 심지어 그 이하의 리그 선수들까지 정확하게 알고 있었다. 나도 1부 주요 선수 정도만 인지하고 있을 정도인데, 아주 정확하게 선수의 이름과 포지션 외에 연봉 및 이적 상황까지 파악하고 있었다. 이렇게 파악한 정보들을 본인의 개인 블로그에 기록했다. 그리고 더 나아가 자신의 견해를 더해서 칼럼을 작성했다. 이렇게 몇 년간 꾸준하게 활동을 해온 G에게 체육교육과는 어쩌면 맞지 않는 옷이라고 판단했다. 정확한 목표설정이 안 된 G는 학습동기부여까지 떨어져 있어, 입시 전략 수정이 불가피했다.

연세대학교 체육교육학과를 잠정적으로 목표로 했던 G에게 스포츠경영(마케팅) 관련 학과 진학을 생각해볼 것을 권유했다. 나아가 진로 사례나 학과 커리큘럼을 소개하니, 아이의 눈이 반짝거리기 시작했다. 단편적으로 아이에게 맞는 진로 방향을 소개하고 그 과정을 설명해준 것뿐인데 아이가 더 열정적인 마음을 갖기 시작한 것이다.

처음에는 한양대학교 스포츠산업학과나 국민대학교 스포츠산업전공 쪽을 추천해주었다. 하지만 좀 더 동기부여를 주기 위해 기존 목표대학이었던 연세대학교의 스포츠응용산업학과 진학을 최종 목표로 컨설팅했다.

결과는 현역으로 최초합격. G는 현재 졸업 후에도 각종 스포츠 현장에서 식지 않는 열정으로 맹활약하고 있다.

체육대학 진학에서 학생과 맞는 진로 탐색과 설계는 합격을 위한 어떠한 방법보다 강력한 힘을 발휘한다. 만약 막연하게 체육교육과를 목표로 했다면 연세대 합격은 불가능했을지 모른다. 아니면 설사 타 체육교육과에 진학했더라도 학과 적응을 못 하고 중간에 편입하거나 재수를 선택했을 것이다. 실제로 인문/자연계에서도 자기와 맞지 않는 학과를 대학명만 보고 진학하는 경우가 너무 많다.

원하는 대학에 갈 수 있을까? 이런 고민을 하고 있다면 올바른 진로 설계를 통해 목표대학 합격을 현실로 만들 확실한 기회를 잡을 수 있다. 그 기회를 잡았다면 이제는 힘을 내서 목표를 향해서 최선을 다해 달려 나가기만 하면 된다.

2장

100% 합격을 위한
체대 입시 전략

체대 입시 준비를 고2 때 끝내야 하는 이유

'예열(豫熱)'

겨울철에 급한 일이 생겨서 차를 타고 급히 출발해야 하는 상황이다. 낮은 기온에서 시동을 켜자마자 차가 급가속했다. 엔진 소리만 크고 잘 나가지도 않고 이상한 연기(?)도 나오는 정상적이지 않은 이런 상황을 부모님들은 경험해 보셨을 것이다. 요즘은 엔진의 성능이 좋아지고 있어서 큰 문제는 없겠지만 고성능 자동차일수록 세심하게 관리를 해야 한다. 최적의 상태에서 제 성능을 내려면 아무리 기계라도 '예열'이 필요하다. 자동차의 적정 엔진 온도는 85~95℃다. 이 적정 온도까지 올라가는 정해진 시간이 필요하며, 그 시간이 지나고 나면 제대로 된 성능을 발휘할 수 있는 최적의 상태가 된다. 액셀을 깊게 밟아도 그대로 힘을 받아 속도가 붙는 것을 체감할 수 있다.

입시의 원리도 자동차 예열 원리와 비슷하다. 엔진이 적정 온도까지 올라가기 위해서는 흡입, 압축, 연소·팽창, 배기의 행정원리라는 복잡한 준비상태가 필요하다. 체대 입시도 마찬가지로 합격을 위한 최적의 준비상태를 만들어야 한다. 다른 점이라면 적정 온도까지 올라가는 것을 예열과 비교했지만, 입시는 시간이 그보다 더 길 뿐이다.

대입은 고등학교 생활의 결과물만은 아니다. 그 전까지의 과정을 무시하고 고등학교 3년간의 생활만 잘한다고 해서 다 합격하지 않는다. 합격하는 학생들도 있을 수 있으나, 3년 안에 합격을 만들어내는 노력은 아마 뼈를 깎는 고통을 감수했을 것이다. 자동차 엔진에 무리를 주는 것처럼 우리의 몸을 갈아 넣어서 말이다. 그렇게 해서 무리한 결과가 그나마 도착지(합격)에 도착했어도 무리한 부작용은 언젠가 우리에게 돌아올지도 모른다.

중학교부터 시작하자

고등학교 공부는 중학교의 연장선이다. 기본적인 학습 목표가 중학교 과정을 충실히 잘 이행해야 이룰 수 있는 내용이다. 예를 들어 중학교 수학의 통계(도수분포표, 상대도수 등)를 정확히 이해하지 못했다면 고등학과 과정의 '확률과 통계'를 접근할 수가 없다. '도수분포'도 모르는데 '이산확률분포' 등을 어떻게 이해할 수 있겠가? 그리고 학업으로 시작했지만, 체대 입시에서는 학업만큼 실기도 중요하다. 실기는 즉, 활동성이다. 중학교 재학시절에 조용히 내성적으로만 지내던 학생이 고등학교에 올라와서 갑자기 환골탈태(換骨奪胎)하며 활동적인 아이가 될 수 없다.

이렇듯 아이의 노력 없이는 어렵다. 어떤 방향이 특별하게 없더라도 최소한의 학업 계획뿐 아니라 다양한 활동을 하는 것이 좋다. 해보지 않았어도 해보려고 노력해야 한다. 그래야 학생부종합전형(학종)을 위한 좋은 기회를 고등학교 1학년에 올라가서 잡아볼수 있다.

학종으로 합격한 학생들의 공통점은 체계적인 학교생활이다. 중학교 때 다양한 활동이라고 해서 거창한 것이 아니다. 평소 체육 수업 자체를 즐기고, 그 외 다양한 구기 종목을 경험하면 된다. 특별할 필요가 없다. 농구, 축구, 배구, 피구 등 흔히 접할 수 있는 종목을 나름대로 의미를 가지고 활동하면 된다. 누가 시켜서가 아닌 내가 정말 체육을 사랑하고 그것을 몸소 체험했다면 그것만으로도 중학교 생활은 성공적이라 판단한다.

최소한 고2 안에 '이것'을 끝내라

체대에 합격하는 학생들은 공통적으로 '이것'을 다룰 줄 안다. 이것은 한 단어가 아니다. 쉽게 풀어쓰자면 '나의 합격 목표를 향해 달려 나갈 때 자신을 잘 다룰 줄 알아야 한다'는 의미다.

다시 설명하자면 보통 입시생들의 목표는 대부분 'ㅇㅇ 대학에 합격하기'다. 뜬금없이 '1억 모으기', '부동산 부자 되기' 이런 목표는 아닐 것이다. 그리고 이러한 목표달성은 기간을 '자유롭게' 정할 수 있다. '5년 안'에 1억 모으기, '10년 안'에 부동산 부자 되기 등이다. 하지만 입시는 시간이 한정되어 있다. 만약 이 책을 중3 또는 중3 아이를 둔 학부모가 본다면 3년이라는 시간이 남았고, 고1이라면 2년, 고2라면 1년의 시간이 남아 있다. 우리는 그 정해진 시간 안에 합격을 해내야 한다.

고3이라는 시기는 중요하다. 전략을 전력으로 수행하는 시기다. 수능장이나 대학 실기 고사장에서 원활히 전술을 수행하기 위해서 실전적으로 연습하는 시기다. 그래서 최소한 고3이 되기 전에 전술 수행을 위한 여러 가지 근육을 단련해야 한다. 시간 관리, 루틴 설정, 현명하게 슬럼프 탈출하는 방법, 나에게 맞는 공부법 등의 합격 근육을 완벽하게 만들어봐야 한다. 그렇게 합격을 위한 준비가 고3 전에 완료되었다면 합격을 위한 시간으로 1년은 충분하다. 종합학원이나 기숙학원 등 재수생 중에서도 1년 만에 성공하는 학생들이 적지 않다. 이 학생들은 위와 같은 근육을 재수 초기에 완성한 학생들이 대부분이다. 그렇기 때문에 고2 안에 합격을 위한 전력 질주를 할 수 있는 입시생의 자세를 갖춰야 한다.

변화보다는 수정과 보완

먼저 나를 다룰 줄 아는 학생이 되는 것이 아주 중요하다. 내가 어떤 패턴으로 시간 관리를 하는지 어떤 루틴을 가지고 실기 준비를 하는지 파악해야 한다. 절대 단시간 안에 이뤄낼 수 없다. 끊임없이 수정하고 계발해야 한다. 그렇다고 여러 가지 실험을 해보라는 것은 아니다. A라는 계획에 A+, A++ 이런 식이어야지, B, C를 만들라는 것이 아니다. 입시는 변화보다 수정과 보완이다. 그 과정을 반복하기만 하면 된다.

수정과 보완에서 정말 중요하게 생각해야 할 것이 있다. 바로 '내가 해야 할 것 정리'와 '나의 입시 준비 방향'에 대한 부분이다. 단어로 표현하면 '체크리스트'와 '입시 전략 설정'이다. 단어를 추가하자면 '단순한 체크리스트'와 '조기 입시 전략 설정'이다.

학생들은 단순히 오늘 해야 할 것에 대해서만 생각한다. 단순히 국어 공부하기, 영어 단어 외우기 이런 식은 피해야 한다. 1등급을 맞기 위한 기초공사로 내가 어떤 것부터 해나가야 하는지를 설정해야 한다. 단순히 체크리스트만 채우다 보면 어느새 미루는 일들이 생길 것이고 아무 목적 없는 공부만 하다가 학습 의지도 흐려지게 될 수 있으니 유의해야 한다. 너무 빠른 디테일한 입시 전략 설정은 더 위험하다.

나를 잘 다루기 위해서 편한 입시 전략을 정하는 경우를 많이 봐왔다. 내가 어떠한 상황인지도 모른 채 그저 편한 전략을 고수하는 고1, 2학생들이 너무 흔하다. 그러한 학생들이 과연 고3이 되기 전에 제대로 된 예열이 되어 있을지 의문이 든다.

합격을 위해서 우리는 준비를 해야 한다. 제대로 된 예열을 해야 하며, 입시 예열의 종료 시기는 최소한 고2 겨울방학까지다. 만약에 고3에 이 책을 보고 있다면, 6월 모의고사 전까지는 끝내야 하며, 6월 모의고사가 끝난 시점이라면 9월 모의고사 전에 끝내야 한다. 그러면 예열이 끝난 시점부터 우리는 합격을 위해서 풀악셀(전력 질주)을 할 수 있다. 합격을 향한 그 속도를 빨리 체감하길 바란다. 그 체감하는 기간이 길면 길수록 합격은 100%에 다가가고 있음을 확신한다.

3학년 초에 체대 입시를 위해 해야 할 일

뜨거운 가슴을 위한 '고3'

대한민국의 국민이라면 누구나 고3이라는 시기를 겪는다. 그리고 이 시기에는 학생 당사자 외에 학부모, 교사 등 관련된 모든 사람이 함께 집중한다. 이 '고3'을 위해서 말이다. 심지어 대학수학능력시험을 보는 날도 거의 반 공휴일 아닌가. 이렇게 고3은 개인적으로, 국가적으로 아주 중요한 시기다.

손주은 대표는 국내 굴지의 입시교육업체 메가스터디의 대표이사(회장)다. 이 손 대표가 집필한 《고3 혁명》이라는 저서의 서문에는 고3 학생들에게 다음의 메시지를 전하고 있다.

"애들아, 합격은 문제도 아니야! 먼저 너희 자신을 감동시켜 봐. 뜨거운 가슴으로 공부하면 한 달 만에 세상을 바꿀 수도 있어."

나는 '뜨거운 가슴'이라는 문구에 정말 가슴이 뜨거워졌다. 손주은 대표는 어떤 의미를 두고 이러한 표현을 썼을까? 하지만 여기서 중요하게 생각할 것은 '한 달 만에 세상을 바꿀 수 있어'가 아니다. '합격', '감동'도 아니다. 우리는 어떠한 형태의 뜨거운 가슴을 가지고 나아가야 하는지를 생각해야 한다.

합격을 위한 필수 조건

한정된 시간과 노력 안에서 최대한의 효율을 뽑아내는 것은 중요하다. 고3 시기도 마찬가지다. 1년, 365일, 8,760시간, 525,600분, 31,536,000초. 누구에게나 고3이라면 주어지는 공통적인 물리적 시간의 단위다. 이 시간 안에, 특히 고3 시기 초반에는 '이것'이 설정되어 있다면 이미 합격을 위해 나아가고 있다고 해도 과언이 아니다. 바로 '목표대학 설정'이다. 나는 수백 번의 오프라인 강의를 진행하면서 초반 분위기를 집중시키기 위해 앞에 앉아 있는 학생에게 꼭 이 질문을 한다. 아주 중요한 내용이기 때문에 질문할 수밖에 없다.

"목표대학이 어디니?"

학생이 없는 경우는 학부모에게 "아이가 어느 대학을 목표로 하고 있는지 아시나요?"라고 질문한다. 대부분의 답변은 이렇다.

① 특정 대학을 답한다.

ex) "○○ 대학교가 목표입니다."

② 지역을 답한다.

ex) "인 서울권이 목표입니다."

③ 학과를 답한다.

ex) "체육교육과 진학이 목표입니다."

④ 무응답

ex) "모르겠습니다.", "아직 정하지 못했습니다", "….".(부끄러

워서 말 못 함)

먼저 여러분이 최악의 답변을 고른다면 당연히 ④를 고를 것이다. 하지만 ④는 완벽하지는 않더라도 백지상태라서 큰 문제가 안 된다. 오히려 ②, ③이 문제가 많은 답변이다. ②, ③의 예시처럼 답변한 학생의 상황은 목표가 뚜렷하지 않다. 이러한 경우는 목표가 확실하지 않다 보니, 아무래도 점수에 맞춰서 수동적으로 대학을 정하곤 한다. 그렇다면 남은 ①의 사례가 가장 좋은 답변일까? ①과 같이 답변할 때까지는 괜찮다. 하지만 ①의 사례로 답변하는 학생들에게 나는 긍정의 메시지를 보내고 곧바로 아래 예시 중에 한 개 이상을 골라 질문한다.

"그럼, ○○ 대학교 ○○ 학과의 전형 방법은 어떻게 될까요?"

"수능 반영비율은 어떻게 될까요?"

"실기 종목은 알고 있나요?"

이 질문을 받은 학생 중에는 대부분이 제 눈을 피하고 말끝을 흐리며 이렇게 답변한다.

"우선 대학만 정해봤어요…."

막연함과 전략의 차이

목표대학 설정만이 합격의 답은 아니다. 대학만 설정했다고 모두 다 합격하면 서울대학교 체육교육과에 합격 못 할 학생은 없을 것이다. 목표설정을 한 상황 자체가 합격을 위한 최적의 상태가 아니다. 목표대학의 전형 방법 및 수능 반영과목, 반영과목 비율, 실기 고사 종목, 평가 방법(만점 기준, 실기배점표 등)을 확인해야 한다. 이러한 정보는 해당 대학의 입학처 또는 '체대입시클리닉' 카테고리 중 대학별 게시판에서 쉽게 확인할 수 있다. 그렇다면 전형 방법 확인이 왜 이렇게 중요한 걸까?

학생 H는 서울대학교 체육교육과를 고2 때부터 목표로 했다. 특별한 이유는 없었지만, 학교 선배가 서울대에 합격하는 모습을 동경해 서울대 진학을 생각하게 되었다고 한다. 그리고 평소 체육을 너무 좋아하여 체육교육과를 최종 목표로 정했다. 여기까지는 좋았다. 하지만 H는 누구보다도 근지구력 및 기초체력 훈련이 부담스러웠다. 부담스러웠다기보다 너무 힘이 들어 '내가 체대 입시를 계속해도 될까?' 하는 고민이 끊이지 않았다. 특히 당일 수업 프로그램 일정에 윗몸일으키기, 주력훈련, 인터벌트레이닝(Interval Training Program : 일정한 간격을 연속적으로 전력대쉬 또는 일정한 속도로 뛰는 일종의 체력 훈련) 등이 있다고 하면 H는 운동 전부터 걱정부터 앞섰다. 그러나 이러한 고민은 전형 방법 확인만으로도 금방 해결할 수 있는 문제다. 막연하게 서울대학교를 목표로 했던 H는 서울대학교 체육교육과에서 어떻게 평가하는지 몰랐고, 기초체력 훈련을 할 때는 운동이 아니라 육체노동처럼 느껴졌다. 그러니 즐겁게 운동할 수 있었을까?

하지만 이 학생이 서울대학교 체육교육과의 전형 방법 중 실기고사를 확인한 후부터 이 상황을 바로 벗어날 수 있었다. 서울대학교 체육교육과는(2022학년도, 남학생 기준) 실기 고사 기초 종목으로 100m 달리기, 턱걸이, 핸드볼공 던지기, 제자리멀리뛰기를 시행한다. 이 종목을 통해 주력 및 근지구력, 상/하체 순발력 등 학생의 신체 능력을 균형 있게 평가한다.

전형 방법을 확인하고 숙지한 후부터 H는 운동하는 날이 기다려졌다. 이제는 더 이상 힘들지 않았다. 마음속에 내가 가고자 하는 서울대학교 체육교육과를 위한 훈련이 되었기 때문이다. 근지구력 훈련의 대표 격인 턱걸이, 윗몸일으키기 등을 더 능동적으로 임할 수 있게 되었다. 전보다 단순히 '긍정적으로 변화했다.' 정도를 넘어 HP(High Performance)로 훈련하게 된 것이다.

전에는 단순히 '턱걸이를 늘려야겠다.'에서 '서울대 합격을 위해서 필요한 하나의 조건인 턱걸이를 해야 한다.'로 바뀌게 된 것이다. 이 턱걸이 훈련 외에 100m 달리기를 위한 주력 훈련, 제자리 멀리뛰기를 위한 하체 근력운동, 핸드볼공 던지기를 위한 상체 강화훈련에서도 그대로 적용됐다. 이 힘든 훈련 자체를 능동적으로 즐기고 극복해나가니 기록도 눈에 띄게 향상되었다. H는 서울대학교 체육교육과 지원자 중에서 수능 점수가 평균보다 매우 낮은 점수였다. 그러나 높은 실기 능력으로 낮은 수능 점수를 커버한 결과, 최초 합격할 수 있었다.

왜 3학년 초인가?

HP(High Performance)를 끌어내는 방법은 의외로 간단하다. 목표 대학의 입시전형 방법을 확인하고 숙지하면 된다. 그러나 고성능, 고효율이 입시에서는 꼭 긍정적이지 않다. 고2 이하의 학생들에게는 오히려 잘못된 입시 방향으로 만들 수 있다. 초반부터 고효율을 따지니 '선택과 집중'이라는 핑계로 포기하는 것이 너무 많아지기 때문이다. 수학/탐구 포기, 유연성 포기 등이 그 예다. 심지어 요즘은 '국포자(영어 탐구로만 대학을 가겠다는 전략)'도 생겨났다.

학부모들도 자녀들을 키우면서 이미 우리 아이들은 편한 것을 먼저 찾는다는 것을 느꼈을 것이다. 수학이 어렵고 힘들어서 포기하고 싶어 한다. 포기하면 국, 영, 탐을 더 잘하게 될 것으로 생각한다. 하지만 그렇지 않다. 예를 들어 수학을 포기하게 되면, 수학을 공부했던 객관적인 시간만큼 다른 과목을 더 공부하지 않는다. 그냥 수학만 포기하게 된다. 결과적으로 그 시간만큼 논다. 놀지 않는다면 그 시간을 더해 더 여유있게(?) 다른 과목을 공부하게 된다. 수학 2시간, 국어 2시간 공부했다면 국어 2시간의 학습 분량을 4시간 동안 하게 된다. 결과적으로 효율이 50% 떨어지는 것이다. 그래서 구체적인 전략 설정은 3학년 초가 적당한 시기다.

고3이 되기 전까지는 앞 장에서 이야기했듯이 전력 질주를 할 수 있는 상태를 만드는 것이 중요하다. 전략은 고3 초에 설정해도 늦지 않다. 더 빠르게 설정하고 싶다면 매년 전형계획이 발표되는 고2 4월 말경이 좋다. 매년 4월 말에 다음 연도의 전형계획이 대학별로 발표하기 때문이다. 전략 설정에는 다양한 방법이 있다. 하지만 다양한 방법을 찾기 전에 기본부터 갖추는 것이 중요하다. 그 기본을 파악하는 것이 가장 확실한 전략이다.

학생부종합전형은 입학과 동시에 준비한다

학종이 단순히 깜깜이전형?

체대 입시전형 방법은 잘 알겠지만, 수시전형과 정시전형이 있다. 그리고 수시는 크게 실기우수자전형과 학생부종합전형으로 나눌 수 있다. 대다수의 체대 입시생과 학부모는 정시전형 또는 실기우수자전형이 체육대학을 입학하는데 가장 일반적인 입학 방법이라 생각한다. 하지만 이렇게 생각하는 건 자기합리화에 불과하다고 생각한다. 수시의 실기전형과 정시전형에만 익숙하므로 나머지 전형에 대해서는 생각하지 않는 것이다. 아니, 생각할 수가 없다. 이러한 상황에서 학생부종합전형은 체대 입시에 있어 아주 중요한 합격의 키포인트가 될 수 있다. 아는 분만이 학생부종합전형을 대비할 수 있다.

그런 학생부종합전형을 칭하는 단어에는 여러 가지가 있다. 학종전형, 전공적합성전형, 입학사정관전형 등이 있다. 그런데 이런 입시적인 단이 말고 실제로 현장에서 쓰이는 단어는 따로 있다. 한 번쯤은 들어봤을 것으로 생각한다. 바로 '깜깜이전형'이다. 그렇다면 왜 이렇게 부를까?

우리는 아무것도 모르는 무지(無智)한 상태를 '깜깜하다'라고 표현한다. 인생을 살아가면서 사람은 여러 가지 감정을 느낀다. 행복감, 만족감, 우울감, 불안감, 초조함 등 다양한 마음 상태를 느끼며 살아간다. 그러한 감정 중에 불안감은 왜 오는 것일까? 불안감을 느끼는 이유는(개인마다 차이는 있겠지만) 아주 간단하다. '무언가를 모르는 상황', '미래를 예견하지 못하는 상황'을 직면할 때, 불안감을 느낀다. 미래를 예측할 수 없는 깜깜한 상황이 사람의 마음을 불안하게 만든다. 이렇게 학생부종합전형에 대해서 잘 모르고 정확히 대처할 수 없기 때문에 '깜깜이전형'이라 부르는 것이다. 답답한 이 깜깜이전형을 밝게 비춰줄 방법은 없을까?

인식부터 바꿔야 한다

매년 학기 초, 아이가 고3이 된 학부모들의 상담 요청 목적은 다양하다. 그 목적 중에 학생부종합전형의 준비 방향 수립에 대한 요청이 주를 이룬다. 또는 지원 가능 여부를 판단하고자 방문 요청을 한다. 방문 배경을 자세하게 들여다보면 그 진실을 금방 파악할 수 있다. 학생부종합전형을 하나의 '보너스 카드'로 생각하는 인식이 크다. 그래서 안되면 말고, 되면 좋고의 마음으로 학생부종합전형을 건드리는 경우가 많다. 심지어 어떤 요행으로 생각하고 지원하려는 경향도 보인다. 이러한 생각을 가지고 지원했을 경우 백이면 백 불합격. 즉, 합격 가능성은 0%다. 생기부 분석과 자기소개서(자소서) 작성을 잘해서 1단계 서류평가에서 혹시나 합격했더라도 면접에서 학생의 부족한 역량이 여지없이 드러난다. 어차피 결과는 불합격이다.

물론 준비 시기는 늦었지만 합격 가능성을 20~50%까지 올릴 수 있는 방법이 없는 것은 아니다. 그래도 언제까지나 50% 정도일 뿐이다. 이렇게 합격 가능성이 적다고 판단될 때 부모님들이 가장 후회하는 것이 미리 우리 아이에 대한 정보 분석을 안 한 부분이다. 분석을 안 했기에 아이가 얼마나 학교생활을 잘했는지 파악할 수 없다. 그로 인해 아이의 잠재력이 낮게 평가되어 학생부종합전형 준비 자체를 생각하지 못하는 것이다.

이렇게 고3이 되었을 때, 학생부종합전형 카드를 안 쓰기에는 아깝고, 쓰기에는 뭔가 한 장의 카드를 버리는 것 같고 하는 아주 애매한 상황이 된다. 되면 좋고, 안되면 말고 식의 지원이 되어버리는 것이다. 그나마 학생부종합전형에 유리한 학생들을 고3 초라도 늦게나마 발견하게 되면 정말 다행이다. 남은 1학기를 잘 대비하여 합격 가능성을 더 높일 수 있다. 하지만 이것도 합격을 위한 확실한 대응이 될 수 없다. 학생이 학교생활을 단순히 열심히 한 것인데 '전공 적합성'에 부합되는 것이 다수 일치했을 뿐이다. 이렇게 합격한 사례 때문에 학생부종합전형을 보너스 카드로 인식하게 된다. 이러한 인식에서 최대한 빨리 벗어나는 것이 중요하다. 그래야 정상적이고 안정적인 입시 준비 방향 수립이 가능하다. 그렇게 되면 학생부종합전형은 '보너스 카드'가 아니라 여러분의 '합격필승카드'가 된다.

조기 준비의 힘

학생부종합전형은 고등학교 3학년이 돼서 준비한다고 되는 것이 아니다. 안정적인 합격을 위해서는 철저한 장기적 플랜 수립이 중요하다. 준비 시기는 빠르면 빠를수록 좋다. 심지어 중학교 2~3학년 시기도 빠르지 않다. 2024학년도부터 생기부 작성 방식이 변경되기 때문에 고등학교 입학 또는 1학년 시기부터 체계적인 전략 수립이 중요하다. 학생부종합전형은 말 그대로 학생의 여러 요소를 종합적으로 평가한다. 1학년 때부터 3학년 1학기까지(재수생의 경우, 3학년 2학기까지) 말이다. 최대한 빠르게 학생부종합전형 준비를 인지하고 행동했다면 그것만으로도 반은 성공한 것이다.

경기도 신도시 근처에 거주하는 학생 I는 입학 초부터 부모님과 상의 후 학생부종합전형을 계획했다. 입학 당시 졸업생이 1, 2회밖에 없는 신생 고등학교라 학교 선생님들의 열정이 어느 학교보다 높았다. 이 부분을 적극적으로 활용하여 학생부종합전형을 준비하면 유리할 것으로 판단했다. 역시나 그 예상은 적중했다. 같은 활동이라도 선생님께서는 더 세심하게 생기부에 기재해주셨다. 중학교 시절 농구, 축구 등의 구기를 또래 아이들보다 잘했던 I는 체육과 학업 두 마리 토끼를 놓치지 않았다. 거기에 진로 활동, 독서 활동, 봉사 활동 등의 비교과영역도 알차게 활동했다.

I는 체육 관련 활동에만 집중하지 않았다. I의 최종 진로 희망은 체육 활동과는 거리가 있는 진로였다. 그래서 그와 관련된 밴드를 만들고 공연 준비를 하면서 취미 이상으로 활동했다. 그 외 자율 활동으로 다양한 체육 활동도 빠지지 않았다. 체육대회에서도 축구, 계주, 단체 줄넘기 등 빠지지 않고 참여했고 팀이 지고 있을 때도 반 분위기 조성을 위해 친구들을 격려하고 응원했다.

고2부터는 체육 임원으로도 활동하면서 진로 희망을 체육 교사로 전향, 내신 관리 외에도 체력관리를 위한 운동도 게을리하지 않았다. 자신만의 운동계획을 세워 장기적으로 꾸준히 실행했다. 같은 반에서 학습이 조금 부족한 친구들을 위해서 멘토-멘티 활동의 목적으로 교육 봉사도 게을리하지 않았다. 그 외에 체육 관련 도서를 찾아 자신의 부족한 체육 견문을 넓히는데 시간을 아낌없이 투자했다. 이러한 왕성한 활동은 열정적인 담임선생님에 의해 생활기록부에 실제로 고스란히 반영되었다.

신생 고교 입학과 고1이라는 시점을 감안해 학생부종합전형 추천은 입시 전략에서 탁월한 선택이었다. 준수한 내신 등급과 잘 작성된 생기부는 학생부종합전형을 지원하기에 무리가 없었다. 오히려 안정적인 지원이 되었다. 그렇게 2년이 지나, 3학년 초에 다시 생기부를 분석해보니 약간의 보완만 하면 되는 수준 높은 생기부가 완성되어 있었다. 그 결과 여유 있게 한 군데만 합격해도 대단한 대학들인 성균관대학교 스포츠과학과 중앙대학교 체육교육과, 한양대학교 체육학과 등에 다수 중복으로 합격했다. 사실 예상된 결과였다.

입시를 위한 학교생활은 피하라

I의 사례를 보면 이렇게 생각할 수도 있다. '우리 아이도 고등학교에 입학해서 열심히 하면 성균관대, 한양대 등에 합격할 수 있겠구나'라고 말이다. 그래서 전략을 잘 세우고 그대로만 한다면 합격은 따놓은 당상이라고 생각할 수 있다. 틀린 이야기는 아니지만, 본질이 다르다. 조기에 준비하는 것은 당연하나, 결과를 위한 활동은 오히려 부작용을 발생한다. 입시를 위한 활동으로 인해 생각하지 못한 친구들과 트러블이 생길 수 있다. 그리고 높은 내신 등급에 집착하여 학업 스트레스를 가중할 수 있다. 선생님들과도 단조로운 입시적인 관계가 될 수 있다.

우선은 입시를 떠나서 최대한 폭넓게 활동하는 것이 중요하다. 그리고 그 다양한 활동 중에 대학의 '전공 적합성'과 연결되는 내용을 정리하여 활동 보고서를 만든다. 그 활동 보고서를 바탕으로 학교생활기록부에 신고, 자기소개서에 작성하고, 면접장에서 교수님께 이야기하면 된다. 이것이 학생부종합전형의 핵심 코어다.

다시 강조하면, 학생부종합전형 같은 이 깜깜한 전형을 밝고 환하게 바꾸려면 어떻게 해야 할까? 그 방법은 어렵지 않다. 입시가 우선이 아닌 내 꿈(진로)을 위한 행복하고 즐거운 학교생활을 해야한다. 즐겁고 진지하게 학교생활에 임하면 나만의 톡톡 튀는 길들이 보이기 시작한다. 그런 특별한 길을 걷다 보면 분명히 자연스럽게 입시도 따라온다. 이 마인드를 정립한 상태에서 고등학교 입학과 동시에 목표대학 합격의 길을 만들어가길 희망한다. 이제는 더 이상 학생부종합전형은 '깜깜이전형'이 아니다.

입시요강 분석은 '데이터 + 트렌드'

입시 트렌드를 파악하라

우리나라 대학교들은 매년 4월 말에서 5월 초에 다음 연도 전형 계획을 발표한다. 그리고 6월경에는 학생부종합전형 세부 반영 방법이 있는 수시 입시요강을, 9월경에는 정시 입시요강을, 입학관리처에 공지한다. 이렇게 대학의 입학관리처 홈페이지에서 전형 계획을 포함해 세 번에 걸쳐 입시요강을 소개한다.

나는 이 입시요강을 '대학입학설명서'라고 부른다. 이 설명서만 제대로 확인해도 해당 대학의 합격이 보인다. 그리고 설명서 안의 숨겨진 정보(트렌드)를 알아낸다면 더 좋을 것이다. 하지만 아쉽게도 대학은 그렇게 친절하게 소개하지 않는다. 그렇다고 분석을 못 하는 정보는 없다. 입시요강을 있는 그대로 분석하고 입시 트렌드를 읽어낼 수 있다면 100% 합격에 다가갈 수 있다.

게임에도 있는 입시요강

'페이커(faker)'는 LOL(League of Legend, 일명 롤) 게임의 프로게이머다. 설명하지 않아도 국내뿐 아니라 세계에서 주름잡는 인기 스타다. 어떻게 이 페이커는 게임을 잘하게 된 것일까? 분명, 그 깊이를 알 수 없는 피나는 노력을 했을 것이다. 페이커는 게임을 왜 시작했을까? 다음 데뷔 전 인터뷰에서 확인할 수 있다.

"LOL을 출시 기사가 있어서 읽어본 뒤로 관심이 생겼다. 공부하다가 오늘은 저걸 해봐야 하겠다고 생각하고 집에 와서 아이디를 만들었다…. (중략)." (출처 : e스포츠 블로그 'O.P EnE', '고전파'에서 '페이커'로! SKT 2팀의 막내 이상혁)

페이커는 분명 아이디를 먼저 만들고 '게임 조작법'부터 확인했을 것이다. 모든 게임에는 조작법이 있다. 이 조작법을 파악하지 않고는 게임을 할 수가 없다. 천하의 페이커도 LOL 게임을 처음 접할 때, 조작법을 확인했어야 한다. 게임을 잘하기 위해서 조작법부터 천천히 익힌 페이커는 세계 1위의 프로게이머가 되었다.

통계자료에 따르면 만 9세~14세의 80%가 PC게임을 접해본적이 있다고 한다. 아마 중, 고등학생까지 포함한다면 대부분의 학생이 한 번 이상 PC게임이나 모바일 게임을 접해봤을 것이다. 그리고 게임에 입문하기 위해 조작법을 익힌 후 온라인 게임 세계를 누볐을 것이다. 최근에는 조작법을 넘어 '인벤토리(inventory)'의 개념도 있다. 인벤토리의 사전적 의미는 사업적인 용어로 쓰이나, 게임업계에서는 '게임의 핵심 정보를 모아 놓은 곳' 정도로 이해하면 된다. 조작법을 익히고 인벤토리를 확인한 후 실전에서 활용하면 된다.

입시요강 체크포인트

대학 입학에서의 입시요강이 바로 게임의 조작법 + 인벤토리의 개념이다. 입시요강을 확인한다는 것 자체가 게임에서 조작법 숙지와 인벤토리 확인하는 셈이다. 그렇게 습득한 입시요강의 정보를 가지고 수능 및 실기 고사장에서 자신의 실력을 맘껏 발휘하면 되는 것이다.

우리는 살아가면서 모든 설명서를 꼼꼼이 읽지 않는다. 예를 들어 보험계약약관이나 통장 약관처럼 말이다. 전부 읽으면 좋겠지만 그중에서도 놓쳐서는 안 되는 내용들이 있다. 입시요강도 대학에 따라서는 적게는 10페이지 이내 많게는 100페이지 이상으로 구성되어 있다. 페이지가 많은 경우에는 사실 대학 홍보 책자에 가깝다. 취업실적, 학과소개, 대학 재정의 안정성, 규모, 역사 등 대학 전반의 정보를 같이 소개한다. 이렇게 많은 양의 입시요강을 하나하나 다 확인할 수 없으므로 필요한 정보를 얻는 것이 중요하다. 게임에서 필살기 조작법을 익히는 것처럼 말이다.

나는 2005년부터 17년 동안 입시요강을 꾸준히 확인하고 정리해왔다. 전국에 체육 관련 학과가 설치된 4년제 대학 수를 약 150개로 보면 지금까지 2550개의 입시요강을 확인한 것이다. 그렇게 확인된 대학의 입시요강은 크게 다섯 가지 패턴으로 정리할 수 있다.

① 주요 사항 정리
② 모집인원 및 전형 일정
③ 모집 단위 전형 방법
④ 학생부/수능 반영계산 방법
⑤ 지난 입시 결과

①의 경우는 체육대학 외에 타 학과의 변경사항을 포함하고 있어서 자칫 체육대학의 변경사항으로 오해할 수 있다. 그리고 언제까지나 주요 사항이기 때문에 일부 정보가 빠져있는 경우가 많다. 변경된 사항만 소개할 뿐, 전체사항을 소개하지 않는다. 빠르게 정보를 파악하는 정도로만 활용하면 좋다.

②는 이 대학에 체육 관련 학과가 설치되어 있는지 확인하는 정도로 활용한다. 모집인원이 적고 많고보다는 전형 일정은 세심히 보는 것을 권한다. 수시모집의 경우 실기 고사 일정 확인이 중요하다. 수시 실기 고사 전형의 특성상 수능 전/후로 진행된다. 수능 전에 실기 고사는 수능에 영향을 줄 수 있어서 정시를 최종 목표로 하고 있다면 일정 확인은 꼭 해야 한다. 그 외 원서접수, 면접, 합격자 발표 등의 일정도 추가로 확인하면 좋다.

우리가 반드시 확인해야 하는 사항은 ③, ④이다. ③의 전형 방법은 앞서 강조했던 게임의 조작법에 해당한다. 전형 방법에서는 수능, 내신, 실기, 면접, 서류 등의 반영 여부를 확인할 수 있다. 전형 방법을 확인하면서 기본적인 전략을 세울 수 있다. 수능이 얼마나 반영되는지, 어떤 과목을 반영하는지 확인한다. 그 외 실기 고사 종목도 소개한다. 그리고 우리에게 가장 중요한 실기배점표도 소개(대학에 따라서 비공개하는 경우도 있다)한다. 종목 및 배점표 외에 시행 세부사항과 파울 기준도 소개한다.

④은 게임의 인벤토리 개념이다. 세부 반영하는 계산방식을 소개한다. 내신 등급점수표, 영어등급점수표, 한국사 반영 방법을 포함하여 학생부와 수능 반영 방식을 구체적으로 수치화하여 보여준다. 친절한 대학은 예시까지 보여준다. 이러한 ③, ④을 확인하지 않는다면 이 대학에 갈 생각이 없는 것과 다름없다.

⑤의 경우는 지난해 입시 결과라고 해서 자세하게 소개하지 않는다. 기대하고 확인했다가는 다소 실망할 수 있다. 지난해 경쟁률 소개가 대부분이다. 추가합격 번호도 공개한다. 좀 더 친절한 대학은 지원자 평균 내신 등급 정도를 공개하기도 한다. 한국체육대학교는 수치화한 결과를 자세하게 소개하니 참고하면 좋다.

우리가 확인할 수 없는 것들

솔직하게 말하면 입시요강을 정독했다고 해서 합격하는 것은 아니다. 만약 합격할 수 있다면, 입시요강을 편집한 입학관리처의 자제들은 그 대학에 수석으로 합격할 것이다. 그래도 입시요강을 잘 분석해보면 직접 대학에서 소개하지는 않지만, 대학에서 선발하는 구체적인 유형을 확인할 수 있다.

먼저 ②의 모집 단위에서는 이 대학에서 수시/정시 중 선호하는 전형 파악이 가능하다. 수시를 많이 뽑는지, 아예 정시모집을 안 하는지 등이다. 그리고 특별전형(농어촌, 기초 수급자, 특성화고 등)의 모집 단위를 바로 한눈에 확인할 수 있다. 이 외에 특별한 정보도 확인할 수 있다. 경희대학교의 경우 수시모집에서 네오르네상스전형과 고교연계전형을 동시 지원할 수 있는 내용이 소개되어 있다.

③의 전형 방법에서는 모집 단위의 '전형명'을 확인할 수 있는데, 이름만으로도 그 전형 방법의 변별력을 유추할 수 있다. 예를 들어 수시전형인 한국체육대학교 교과우수자전형은 내신 등급 외에 실기 능력을 평가한다. 전형 방법만 보면 '실기가 있으니 패스' 이렇게 생각할 수 있다. 내신이 높아도 언제까지나 실기 때문에 지원을 꺼리는 것이다. 하지만 말 그대로 '교과우수자'전형이라서 그런지 내신 변별력이 상당히 높다. 내신 등급이 높다면 실기가 평균보다 다소 부족하더라도 합격할 수 있다.

④의 계산 방법에서는 사실상 반영하는 전형의 '실질 반영비율' 확인이 가능하다. 전형 방법에서 소개하는 비율은 실제 반영비율이 아닌 경우가 많다. 그래서 실제로 반영되는 계산 방법을 통해 '실질 변별력'을 분석할 수 있다. 특히 수능 반영과목의 반영비율을

확인해야 한다. 서울대학교 체육교육과나 한국교원대학교 체육교육과의 경우 수학 가중치가 있다는 깃을 계신 방법에서 설명해준다. 하지만 고려대학교 체육교육과의 경우는 얼핏 보면, 국어/수학의 반영비율이 같아 보이지만 계산 방법을 보면 수학에 가중치가 있다는 것을 확인할 수 있다.

그러한 경향은 입시 분석에서 여실히 보여준다. 고려대 합격생 중에 수학 상위등급 학생이 국어 상위등급 학생보다 압도적으로 많다. 전형의 실질 변별력을 의도적으로(?) 조정하는 일도 있다. 수능 반영비율이 낮으면 대학의 수준 자체를 낮게 볼 것이 우려되어 실제 지방의 모 대학의 경우 수능 반영계산 시에 기본점수를 높게 잡아 실질적으로 수능 변별력을 극소화한다.

입시요강에 보이지 않는 부분들을 확인하면 지원자의 경향을 파악할 수 있다. 즉 입시 트렌트 파악이 가능하다. 왜 이 대학에 수학 점수가 높은 학생들이 많이 지원하는지, 실기 잘하는 친구들이 합격하는지 말이다. 반대로 실기를 무작정 잘해서 교과 전형에 실기가 있다고 지원하는 일을 피할 수 있다. 불합격 요소들을 사전에 제거할 수 있다. 입시요강을 확인하는 것은 결과적으로 이러한 나의 약점을 사전에 확인하고 강점을 최대한 활용하여 합격에 다가가는 작업이다. 게임을 처음부터 잘한 사람은 없다. 서울대 합격을 달고 태어난 아기는 없다. 출발 시작선은 모두 동일하다. 지금이라도 합격을 위해 내 목표대학의 입시요강을 확인하길 바란다.

'전략적인 면접 수업'으로 대비하라

몸에 배어 있는 준비를 하라

학종은 일반적으로 서류평가와 면접으로 선발한다. 학종은 입학사정관 제도라는 이름으로 생긴 이래 지금까지 전형 방법에 많은 변화가 있었다. 생기부의 작성 방식 변화, 기재량 축소, 자소서 문항 변경 등 다양하다.

그 많은 변화 중 변하지 않았던 것은 바로 '면접'이다. 변하지 않았을뿐더러, 오히려 과거보다 변별력이 더 높아지고 있다. 또한, 2024학년도부터는 자소서가 폐지되면서 그 비중은 더 막강해지고 있다. 3년 동안 열심히 학교생활하고 생기부를 만들고 자소서를 잘 작성해서 1단계를 통과했다고 치자 하지만 마지막 관문인 면접 평가를 제대로 못 한다면 3년간의 활동은 물거품이 된다.

우리가 일상생활 속에서 가족이나 친인척 등 정말 친한 사람들과 만난다고 생각해보자. 예를 들어 학생들이 학교를 마치고 부모님이 세시는 집에 가고 있다. 또는 학부모들이 일과를 마치고 아이를 만나러 가는 상황을 생각해보자. 부모님을 만나기 전에, 아이를 만나기 전에 우리는 어떻게 할까? 특별한 준비를 안 할 것이다. 오히려 준비해서 아이와 대화한다면 어떨까? 더 어색한 상황이 연출될 것이다. 아이는 금방 이상한 느낌을 받을 것이다. '엄마가 왜 이러지…. 뭐 하실 말이 있나?'

'준비가 필요 없다'라는 것은 평소 '몸에 익혀져 있다'라는 뜻이다. 그만큼 자연스럽고 인위적이지 않다는 것이다. 면접도 마찬가지다. 우리는 면접을 바라보는 시각을 다르게 접근해야 한다. 그래야 라이벌보다 면접경쟁력을 갖출 수 있는 방향을 잡을 수 있게 된다. 연습을 통해서 이루어진 것이 아닌 내 삶(생각) 자체를 '자연스럽게' 끌어내야 한다.

면접 평가의 목표

면접 평가에서 우리는 경쟁력을 갖추기 위해서 어떤 부분을 강화해야 할까? 서울의 유명 모 대학에서는 'ㅇㅇ대학교 학생부종합전형 안내서'에서 학종에서의 면접 평가 목표를 이렇게 서술하고 있다.

○○대학교는 면접을 통해 지원자의 우수성을 종합적으로 평가합니다. ○○대학교에서 수학할 수 있는 기본적인 역량을 갖추었는지가 평가의 주안점입니다. 단순히 주어진 문항에 대한 학생의 답변에만 평가의 초점이 있는 것은 아니며, 면접에 임하는 태도와 자세, 의사소통능력, 논리적 사고력 등을 종합적으로 평가합니다.

분명히 주어진 문항에 대한 답변(내용)에만 평가의 초점이 있지 않다고 설명하고 있다. 즉, 경쟁력을 갖추기 위해서는 답변(내용) 외에도 다른 부분을 갖춰야 한다는 것이다. 위 내용에서 우리가 봐야 할 것을 정리해보자면 다음과 같다.

① 면접에 임하는 태도
② 면접에 임하는 자세(마음가짐)
③ 의사소통 능력
④ 논리적 사고력

위 네 가지 요소 중에서도 ①~③번 사항이 매주 중요하다. 같은 질문에 같은 답변이라도 ①, ②번의 요소에 따라 평가방식이 완전히 다르다. 일반적으로 목소리, 옷차림, 단정함 정도는 평가항목에서 제외된다고 이야기한다. 하지만 내 생각은 다르다. 같은 조건이면, ①번 문항의 요소에서 분명 강점(advantage)이 있다. 면접관도 사람이라 주관적인 견해가 들어갈 수밖에 없다.

②번의 경우는 면접 질문에 얼마나 간절한 마음을 담아 답변하는지를 본다고 생각하면 이해하기 쉬울 것이다. 단답형의 답변이라도 왜 그렇게 생각하게 되었는지 간단한 배경과 예시를 들어주면 좋다. 답변의 풍성함으로 학생의 자세를 자연스럽게 평가하게 된다. '이 학생 그래도 뭔가 열심히 하려는구나'라는 이미지를 심어주게 된다. 사실 ①, ②번의 문항이 제대로 전달되려면 ③번인 의사소통 능력이 가장 중요하다.

면접은 발표가 아니다. 수많은 오프라인 강연에서 청중에게 "면접의 정의에 대해서 한 단어로 표현하면 어떤 단어가 될까요?"라고 질문했고 이미 답은 정해져 있다. 면접은 바로 대화다. 의사소통 능력에서 가장 중요한 것은 대화 같은 '자연스러움'이라고 이미 강조해왔다. 면접을 통해서 이야기하는 내 모습이 연습을 통해서 만들어진 것이 아닌 '내 일상 그 자체'라는 것을 면접관에게 심어줘야 한다. 그러기 위해서는 자연스러운 대화 형식이 돼야 한다. 학생다움을 보여주면 된다. 완벽할 필요가 없다. 약간의 실수도 너그럽게 넘어갈 수 있는 분위기를 만들면 100이면 100 최종 합격으로 이어질 수 있다.

④번 문항에 대해서는 너무 부담가질 필요가 없다. 단, 유의 사항은 있다. ④번의 논리적 사고력에 대해서는 보통 창의성과 연결하려고 하는 경향이 크다. 새롭고 특별한 것만 찾다 보면 자신만의 색깔을 잃어버리게 되는 경우가 많다. 그러다 보니 전공 적합성과도 멀어지게 되고 대답이 산으로 갈 수 있다. 논리적 사고력은 내

가 말하는 주제에 대한 근거 또는 예시가 들어가면 해결된다. 어차피 근거, 예시는 내가 경험한 것을 토대가 될 것이고 ①, ②, ③번의 문항을 배경으로 답변하면 ④번도 좋은 평가를 받을 수 있다.

면접 기출문제는 당장 쓰레기통에 버려라

　지난해 출제된 면접 문제를 정리하고 답변을 미리 준비하는 것에 대해서 긍정적이라고 생각하는 선생님이나 학생들이 대부분일 것이다. 하지만 나는 오히려 부정적인 요소가 더 많다고 생각한다. 여러 가지 이유 중에서 가장 확실한 이유를 고르면 '기출은 기출일 뿐이다.'

　면접은 여러 가지 상황에서 뜬금없이 질문하지 않는다. 면접 질문에도 패턴이 존재한다. 그 패턴의 첫 상황은 무조건 '지원동기'가 나올 수밖에 없다. 하지만 면접관들은 아주 친절하게 "지원동기, 답변하세요."라고 질문하지 않는다. 여러 가지 유형으로 질문을 던진다.

　　"여기까지 어떻게 왔어요?"

　　"오는데 힘들지 않았어요?"

　　"이 학교를 특별히 생각하게 된 이유가 있어요?"

　　"왜 학생은 이 학과에 관심을 두게 되었어요?"

몇 가지 예시만 소개했다. 면접관은 학생이 이 학교를 올 때, 버스를 탔는지, 지하철을 탔는지, 아빠가 데려다줬는지가 궁금한 것이 아니다. '자연스럽게' 지원동기나 더 나아가 학업 계획 등으로 연결해 대답해야 한다. 그래서 질문에 대한 답변이 아니라 대화를 이어나가면 된다.

기출문제 중점의 연습은 이에 대한 반응력을 현저하게 떨어뜨린다. 준비한 질문을 조금만 비틀어서 물어보면 바로 꿀 먹은 벙어리가 된다. 지난해 혼자 준비하다가 면접에서 불합격한 학생들이 면접 컨설팅을 많이 찾는다. 어떤 질문을 받았는지 확인해보면, 정말 안타깝다. 질문받은 내용이 학생의 역량으로 충분히 답변할 수 있는 내용이기 때문이다. 기출문제 위주로 면접을 연습한 학생들이 대부분 이러한 경험을 한다. 지금이라도 면접 기출문제 리스트는 쓰레기통에 버려라! 오히려 더 홀가분하지 않은가?

면접은 합격의 확실한 무기

현재도 그렇지만 앞으로 면접변별력은 더 중요해질 것이다. 실제로 중앙대학교 체육교육과 등이 면접 평가를 신설했다. 이렇게 면접이 중요해지고 있다 보니, 교육의 중심 대치동에서도 인문, 자연 계열 학생들에게 다양한 면접 수업을 성행하고 있다. 실제로 대치동 면접 수업 후 나에게까지 면접 컨설팅을 의뢰한다. 확인해보면 안타깝게도 대부분의 대치동 면접 수업방식은 '기출문제 체크 - 사전답변 연습'이 주를 이루고 있다. 하지만 이 정도의 단순한 연습으로는 라이벌보다 경쟁력을 더 갖출 수 없다. 이렇게 준비하고 최종 불합격하는 학생들이 수두룩하다.

물론 연습을 통해서 어느 정도 변접 능력을 올릴 수는 있다. 하지만 절대적인 목적은 면접 연습이 아니라 합격이다. 치열해진 경쟁으로 차고 넘치는 생기부와 높은 내신 등급은 당연한 조건이 되었다. 철저한 면접 훈련은 이제 선택이 아닌 필수가 되었다.

다시 말해 면접고사를 통해서 학생을 단순 평가하는 시대는 지났다. 면접을 통해 학생 활동의 사실성 평가뿐 아니라 진정성, 태도, 자세 등을 종합적으로 평가한다. 이런 부분은 단순한 획일화된 연습으로 단기간에 절대 만들 수 없다. 그래서 단순한 수업이 아닌 전략적인 면접 수업이 필요하다.

길게는 2, 3년 동안 적어도 1년 이상 자기 생각을 정립할 수 있는 능력을 키워야 한다. 그리고 정립된 내용을 대화처럼 풀어나갈 수 있도록 이야기하면 된다. 아주 간단하지만 간단한 것일수록 더욱더 기본에 충실해야 한다. 기본에 충실하면 그 자체가 몸에 배게 된다. 이렇게만 될 수 있다면 면접장이 두렵지 않다. 오히려 만남이 설레게 될 것이다.

'클리닉지수'로
대학을 공략한다

클리닉지수가 만들어진 배경

나는 체대 입시에 뛰어든 기간이 만으로 18년 차다. 한 분야에서만 열심히 뛰어오면서 다양한 분들을 만났다. 그러면서 교육에 대한 사명감도 커졌다. 한 10년 정도 되던 해에 온라인 사회가 본격화되면서 결심했다. '아주 쉽고 객관적인 기준을 만들자'라고 말이다. 현재도 사용하고 있지만, 학생들이 목표대학 지원 여부를 고민하기 위해서 사용하는 지표는 '평균 등급 컷'이었다. 아예 객관성이 없는 지표는 아니지만, 지원 여부를 판단하기에는 사실 무리가 있는 지표다.

예를 들어 J라는 학생의 영역별 등급이 국어 3등급, 수학 1등급, 영어 4등급이다(이해를 돕기 위해 탐구는 제외했다). 만약 이 학생이 국민대학교 스포츠 교육 전공을 지원한다고 하면 어떻게 기준을 삼아야 할까? J 학생은 아마 국수영 평균 등급인 약 2.6등급을 기준으로 삼을 것이다. 수학 등급을 함께 계산해 평균 등급도 높게 형성됐다. 하지만 국민대학교 스포츠 교육 전공은 (2022학년도 기준) 국어와 영어만 반영하는 대학이다. 그래서 실질적인 J 학생의 평균 등급은 국어, 영어만 활용하여 3.5등급으로 계산된다. 그러면 이 수치를 기준으로 상담해도 될까? 엄밀히 말하면 3.5등급도 틀린 수치다.

너무 안타까운 상황의 연속이었다. 단순한 평균 등급을 기준으로 한 질문들이 '체대입시클리닉'에 하루에도 여러 개씩 올라오기 때문이다. 수능 후 시즌 때는 몇십 개의 글들이 쏟아져 나온다. 더 이상 이 상황을 지켜볼 수만은 없었다. 그리고 하나하나 대응할 수 없었기 때문에 빠른 판단을 위한 특별한 기준이 필요했다. 그래서 고심 끝에 나온 지수가 바로 '클리닉지수'다. 위 J 학생의 국민대 클리닉지수는 정확히 말하면 3.67이다. 어떻게 이런 수치가 나올 수 있는 것일까?

클리닉지수의 정의

2010년 4월 '체대입시클리닉'을 처음 오픈했을 때는 '지원 배치표'라는 명칭을 사용했다. 그러나 위 사항에 대한 오류를 잡기 위해서 2014년 말경에 새로운 기준을 도입했고 운영카페의 이름을 따서 현재는 '클리닉지수'를 공식적으로 활용하고 있다. 클리닉지수는 기존의 단순 평균 등급의 오류를 해결하기 위해서 대학별 반영과목을 적용했다. 그리고 반영과목뿐 아니라 '반영과목의 비율'까지 적용했다. 이를 뛰어넘는 객관적인 수치가 없을 정도로 현 체대 입시 상황에서는 지금도 활용되고 있다. 각 특징을 적어보면 다음과 같다.

- 영역별 취득등급이 기준
- 반영과목 기준
- 과목별 반영비율 기준
- 탐구 영역 반영과목 수 기준

위 J 학생의 점수를 기준으로 삼아 비교해보겠다. 우선 클리닉

| J 학생의 개인 클리닉지수(a) |

J 학생의 취득 등급 : 국어 3등급 / 수학 1등급 / 영어 4등급	
국민대학교 스포츠교육전공 반영과목 및 반영비율 : 국어 33.33% 영어 66.66%	
1. 단순 평균등급	2.67등급
2. 반영과목 기준 평균등급	3.50등급
3. 클리닉지수 (반영비율 적용)	3.67등급

* 단순 평균 등급 : (3+1+4)/3=2.67(소수점 셋째 자리에서 반올림)
* 반영과목 평균 등급 : (3+4)/2=3.50등급
* 클리닉지수 : (3*0.333)+(4*0.666)=3.67(소수점 셋째 자리에서 반올림)

지수의 만점은 1.0이다. 그리고 각 취득등급에 반영비율을 곱해 더한 값이 G 학생의 해당 대학 개인 클리닉지수가 된다.

이렇게 나온 값이 개인 클리닉지수다. 이렇게 개인 지수가 있다면 이 결과값과 비교해야 할 '대학 클리닉지수'가 있다. 주요 모의고사(3, 6, 9월) 및 실제 수능을 보고 '체대입시클리닉'에서 진행하는 무료 합격이벤트에 전국 학생들이 표본 참여를 한다. 그 표본 중에 특정 대학의 개인 클리닉지수 표본들의 평균값이 바로 대학 클리닉지수(b)다.

그 평균값과 계산된 개인 클리닉지수를 비교해서 지원 대학에서의 나의 실제 위치를 좀 더 객관적으로 비교해볼 수 있다. 비교하는 방법은 간단하다. (b)-(a)한 값이 0보다 크면 지원 가능, 0에 가까울수록 평균적인 상황이며, 마이너스(-)가 된다면 지원 불가 또는 실기 능력에 따라서 소신 지원이 될 수 있다.

| 대학 클리닉지수(b) |

개인 클리닉지수(a)	
대학 클리닉지수(b)	
(b)-(a) 〉 0.5	평균 이상, 적정 지원 가능
0.5 ≧ (b)-(a) ≧ -0.5	평균 상황, 소신 지원
-0.5 〉 (b)-(a)	평균 이하, 소신 지원 또는 지원 불가

좀 더 구체적인 계산방식에 대해서는 '체대입시클리닉'에 업로드된 게시글 '[2022 클리닉지수™] 소개 및 활용법'에서 확인할 수 있으니 참고하길 바란다.

클리닉지수는 합격의 절대값은 아니다

클리닉지수의 최대 장점은 자신의 등급을 기준으로 하여 자신의 지원 대학을 한눈에 체크할 수 있는 것이다. 하지만 클리닉지수 역시, 한계는 등급을 기준으로 했기 때문에 어느 정도의 오차가 발생할 수 있다. 같은 국어 3등급이라도 백분위는 다를 수 있다. 백분위 85%와 78%는 같은 3등급 구간이기 때문이다.

같은 클리닉지수라도 실제 대학별 수능 환산점수를 비교하면 상이한 결과가 나온다. 최종 지원 여부를 결정할 때는 클리닉지수보다는 수능 환산점수와 실기 능력을 고려하여 지원해야 한다. 클리닉지수는 정말 좋은 수치이지만, 맹신해서도 안 된다.

객관적인 기준으로 목표대학을 정하자고 할 때는 이 클리닉지수를 유용하게 활용할 수 있다. 사실 이런 지수들은 개인적으로 하나하나 계산하기가 쉽지 않다. 그리고 대학별 반영과목을 세세하게 파악하기도 어렵다. 그래서 입시는 참 쉽지 않은 것 같다. 등급이라는 오차 범위가 있지만, 오류를 최소화하고 최대한 효율을 올리는데 체대 입시 상황에서는 클리닉지수를 따라올 수치는 없다고 자부한다. 목표대학 설정이 합격의 필수 조건이다. 그 목표대학 설정에 클리닉지수가 완벽한 기준이 될 수 있다. 클리닉지수를 활용하여 여러분의 목표대학 합격에 더 가까워지길 기대한다.

| 등급에 따른 백분위 구간 |

등급	백분위 구간
1등급	96~100%
2등급	89~95%
3등급	77~88%
4등급	60~76%
5등급	40~59%
6등급	23~39%
7등급	11~22%
8등급	4~10%
9등급	0~3%

전국구 데이터에 접근하라

시대는 더 빠르게 변화하고 있다. 하루에도 수없이 정보가 쏟아져 나온다. 체대 입시 분야도 페이스북, 유튜브, 네이버 카페, 인스타 등 다양한 매체를 통해 정보가 양산되고 있다. 그렇다고 모든 정보가 쓸모없는 '정크 인포메이션'은 아니다. 그러면 우리는 어떻게 하면 다양한 정보 속에서 양질의 정보를 골라낼 수 있을까?

'체대입시클리닉'은 2021년 7월 기준 67,000여 명의 회원 수로 명실상부 국내 1위의 체대 입시 커뮤니티 카페다. 다양한 분들이 활동하다 보니 이 순간에도 많은 글이 게시되고 있다. 그만큼 본인이 원하는 대학의 라이벌들을 만날 수 있다. 방법은 간단하다. 예를 들어 '서울대'라고 검색하면 관련된 정보가 쏟아져 나온다.

최근 몇 개월 정도만 살펴봐도 약 100여 개 이상의 검색 결과를 확인할 수 있다. 시대가 정말 변했다. 이렇게 검색 하나로 서울대를 생각하는 전국의 학생과 학부모의 다양한 정보들을 확인할 수 있다. 시즌(수능 후 ~ 실기 고사 전의 기간) 때는 수백 건의 글들이 올라오는데 힘들더라도 그 글 하나하나 파악해보면 입시의 동향을 살펴볼 수 있을 것이다. 지피지기면 백전백승 아닌가?

글들을 읽다보면 같은 점수대 학생들의 지원 경향 파악이 가능하다. 그리고 실기 능력까지 기재한 글들이 많아서 해당 대학의 라이벌 분석도 가능하다. 어느 정도가 합격선이 될지도 가늠해볼 수 있다. 단, 유의해야 하는 점도 있다. 게시판 내 올라오는 글들은 확실히 합격선 또는 그에 준하는 학생들이 많이 작성한다. 그래서 전체적으로 점수대가 높고 안정적이다. 그러다 보니 자칫 잘못하면 그 점수대가 지원 기준이라고 오해할 수 있다.

걱정만 더 커질 수 있다. 그러나 절대 대학의 지원 여부를 글로만 판단해서는 안 된다. 게시판 글의 점수보다 더 낮은 점수대 학생들도 합격할 수 있기 때문이다. 온라인상에서 나오는 정보들을 너무 믿기만 해선 안 된다. 그러한 시선으로 하나하나 양질의 정보를 수집해 나가야 한다.

진짜 정보를 찾아라

많은 정보 중에서 진짜 여러분들에게 도움 될 수 있는 진정한 정보는 무엇일까? 바로 실질적인 라이벌들의 정보다. 표본 정보 수 몇만 개. 이런 것은 의미가 없다. 심지어 그런 정보들은 허수이거나 허위광고인 경우가 대부분이다. 체대 입시의 평균 경쟁률은 7 대 1 정도다. 전국대학을 기준으로 했을 때 평균적인 상황이다. 많게는 100 대 1까지 기록한다. 참고로 지난해 2022학년도 한양대학교 스포츠과학부 수시전형의 경쟁률은 13명 모집에 2,300명이 지원하여 최종 176.92 대 1을 기록했다. 2,300명 중에 13등을 해야 합격하는 것이다.

그러면 13등의 분석을 위해서 지원자의 표본정보 수가 2000여 개 정도 있다면 좋은 정보일까? 아니면 70여 개밖에 없으면 나쁜 정보일까? 14등부터 2300등까지의 정보는 중요하지 않다. 수는 중요하지 않다. 2000여 개가 있어도 불합격권의 정보는 양질의 정보가 아니다. 반대로 70여 개의 정보라도 1등부터 70등까지의 정보라면 이야기는 다르다. 사실상 '체대입시클리닉'에 올라오는 글이나 무료합격이벤트 등에 공유되는 정보는 이러한 70등 안의 정보가 대부분이다. 합격을 기대하고 참여하기 때문에 실제 합격 컷 전후 점수의 정보들이다. 이 정보 안에서 실기 능력을 제대로 발휘한 학생들이 최종 합격하는 것이다. 그래서 실질 경쟁률은 보통 3 대 1이라고 이야기한다. 아무리 경쟁률이 높아도 경쟁할 학생들은 모집정원의 3배수 내외라고 보면 된다. 이렇게 합격권에 실질적으로 합격할 수 있는 표본을 가지고 있는 것이 곧 힘이며, 그 힘은 여러분을 합격으로 안내할 수 있다.

경쟁률을 파악하라

경쟁률은 객관적인 수치다. 매년 변화한다. 그 변화하는 수치에 따라서 지원자의 경향도 같이 움직인다. 입시는 심리 싸움이다. 그래서 생각하지 못한 '운'도 따를 수 있다. 하지만 나는 그 '운'도 정보를 아는 사람만 얻을 수 있는 '능력'이라고 생각한다.

기본적으로 경쟁률이 높으면 합격 컷이 높고, 낮으면 합격 컷도 낮게 형성된다. 그렇기에 경쟁률이 높을 것 같은 대학은 자연적으로 피하게 된다. 그런데 그 예상을 너무 단순하게 생각하는 경우가 많다. 지난해 대비 경쟁률이 큰 폭으로 올라갔다고 하자. 그러면 당연히 합격 컷은 높게 형성되었을 것이다. 그러다 보니 심리적으로 다음 해의 지원자는 위축될 수밖에 없다. 일반적으로 합격 컷 정보를 모르는 경우, 경쟁률의 변화로 다음 경쟁률을 예측한다. 매년 수시, 정시를 통틀어 '체대입시클리닉'에서는 경쟁률 현황을 공개한다. 지난해 대비 상승/하락 수치도 비교하고 있으니 참고하기 좋다.

여기서 우리가 생각해야 할 것은 목표대학이 지난해 대비 경쟁률이 올라간 경우라면 어떻게 해야 할까?라는 것이다. 나는 '피하는 것보다 오히려 소신 지원하라.'고 권한다. 보통의 경우 학생들은 작년 대비 경쟁률이 낮아진 대학으로 피할 것이다. 그래서 낮아진 대학은 경쟁률은 상승하게 된다. 실제로 이러한 경향은 계속 보인다. 그리고 높은 경쟁률이었던 대학을 피해 다른 대학을 지원했다 하더라도 목표대학을 바꾼 만큼 부정적인 영향이 있다. 분명 급하게 바꿨을 것이고, 그만큼 제대로 된 준비가 안 되었기 때문이다. 경쟁률 파악을 통해 오히려 뚝심 있게 목표대학을 정해보는 것도 좋은 전략이다.

합격은 생각보다 손쉽게 얻을 수 있다. 올바른 정보를 선별할 수는 있는 시선과 뚝심 있게 결단하면 된다. 전국구 데이터를 파악하고 지난해 경쟁률을 분석하는 방법이 최선이다. 갖추는 것이 목표대학 합격의 지름길이다. 추가로 냉철한 분석까지 더해진다면 합격을 위한 최상의 필승 조합이 될 것이다.

실기는 수능 전에 완성해야 한다

체대 입시에서의 '시즌'

체육대학 입시에서는 수능 후의 기간을 '시즌'이라 칭한다. 시즌(season)은 '어떠한 활동이 활발히 이루어지는 시기'라는 사전적 의미가 내포되어 있다. 사전의 의미처럼 체대 입시에서 시즌이라는 기간은 체대 입시생이 가장 활발하게 실기를 준비해야 하는 시기이다. 이 시즌 기간을 잘 활용하면, 합격의 중요한 키가 될 수 있다. 반대로 그렇지 않다면 불합격으로 가는 독이 될 수 있다. 그렇다면 어떻게 하면 이 기간을 잘 활용해서 합격으로 나아갈 수 있을까? 의외로 그 답은 간단하게 찾을 수 있다.

수능은 일반적으로 11월 중이나 말에 치른다. 정시 원서접수는 12월 말에 진행한다. 실기 고사는 원서접수 후 1주일 뒤인(가군 기준으로) 1월 초에 치른다. 수능부터 가군의 실기 고사 일까지가 시즌 기간이다. 이 두 달이 안 되는 동안에 체대 입시생들을 최선을 다해서 실기 고사 대비 훈련을 한다.

이 한 몸 바쳐 최선을 다하면, 나오지 않던 실기기록이 만점을 받을 수 있다고 믿는다. 하지만 이 시즌 동안의 그 '최선'이라는 단어의 의미를 잘 못 알고 있는 학생들이 많다. 이 최선에는 노력의 의미도 물론 있지만, 사실 관리의 의미가 더 크다. 더 확실하게 말하면 관리가 최우선이다. 시즌 기간에는 관리만 잘해도 합격은 따 놓은 당상이다.

가끔 시즌 동안만 훈련해서 합격했다는 학생도 있다. 하지만 이런 달콤한 이야기는 절대 일반화될 수 없다. 대부분의 학생이 빠르면 고1, 2부터 늦으면 고3 초부터 꾸준하게 실기 준비를 한다. 그리고 시즌 때 잘 관리하여 합격하는 것이 일반적인 루트다. 몇몇 소수의 이야기를 가지고 일반화시키면 안 된다.

최악의 결과, 시즌아웃

학생 K는 지방 소도시에 살아 근처에 체대 입시학원이 없었다. 그래서 그전까지는 학업에 집중하고 수능 후 실기 준비 계획을 세웠다. 열심히 공부했지만, 수능에서 생각보다 원하는 성적이 나오지 않았다. 그래도 다행히(?) 목표대학의 지원 가능한 성적은 만들었다고 판단했다. 그래서 수능 후 서울에 올라가서 체대 입시학원에 등록했다. 평균 이상의 점수가 아니었기 때문에 K는 합격 가능 실기여유점이 높지 않았다. 실기를 거의 올만점(전 종목 만점)을 받아야 합격 가능한 상황이었다. 운동을 안 하다가 해서 근육통도 심했다.

K의 문제는 지금부터였다. K는 그래도 부모님을 실망하게 하지 않기 위해 아프지만, 최선을 다해서 운동했다. 사실 운동이라고 하기에는 어려울 정도로 고통을 참았다. 그러던 도중 소변에서 피가 섞여 나오기 시작했다. 극도의 피로감도 몰려왔다. 너무 아픈 나머지 병원을 찾은 K는 충격적인 결과를 받았다. '횡문근융해증(골격근의 파괴로 인해 발생한 물질에 의해서 여러 문제를 일으키는 질환)'이었다. 소변에 피가 나올 정도면 심각한 상태였고 절대 안정을 취해야 하는 상황이었다. 더 이상 입시를 진행하는 것은 무리였다.

그나마 K의 상황은 심각하지 않다. 회복이 빨라 다시 실기 준비가 가능할 수도 있기 때문이다. K 학생보다 더 심각한 상황은 학생 L이었다. 학생 L도 K와 유사한 상황으로 서울에 올라와서 실기 준비를 시작했다. L의 목표대학은 건국대학교 체육교육과였다. 건국대학교 체육교육과는 기능실기와 기초실기를 평가하는 대학으로 특히 기능실기의 변별력이 아주 높은 학교다. 그리하여 기능실기 종목(높이뛰기, 핸드스프링, 농구)를 열심히 수능 후 준비했다. 남들보다 더 늦었기 때문에 남아서 운동을 더 했다. 하지만 그것이 화근이었다.

체력이 떨어지면 기능실기의 완성도가 떨어질 수밖에 없다. 핸드스프링(손 짚고 앞돌기)을 혼자서 훈련하다가 체력이 떨어진 나머지 착지를 불안정하게 했다. 안타깝게도 불안정한 착지를 하면서 발목이 돌아갔다. 비명도 못 지를 만큼 고통이 엄습해 왔다. 발목은 부어올랐고 더 이상 훈련을 할 수 없었다. '시즌 아웃'. 그날의 훈련이 마지막 훈련이 되었다. 대학을 위해서 당차게 서울에 올라왔던 학생 L은 발목에 깁스를 한 채 고향으로 내려가게 되었다.

K와 L의 이야기는 어쩌다 몇 년에 한 명 나오는 사례가 아니다. 매년 빈번하게 발생하며, 한 학원에 최소한 1, 2명씩은 나온다. 크고 작은 부상을 추가하면 그 수는 훨씬 더 많다. 이러한 부상을 당하는 경우는 아이들이 자신의 몸 상태를 모르기 때문에 발생한다. 자신의 컨디션을 잘 파악하는 것도 운동 능력이다. 그 능력이 없기 때문에 몸을 갈아 넣어 훈련하다가 화를 피하지 못한다.

운동을 안 한 것 같은데 합격하는 학생들

K와 L은 왜 그렇게 열심히 했을까? 당연히 합격하기 위해서 열심히 한 것이다. 하지만 더 깊게 생각해보면 조급해졌기 때문이다. 주변에 잘하는 학생들이 많았기 때문이다. K와 L의 입장에서는 화도 났을 것이다. 그 잘하는 학생들이 나보다 운동도 많이 안 하는 것 같은데 기록은 잘 나왔기 때문이다. 남들과 나를 절대 비교해서는 안 된다. 그래서 그 학생들보다 더 운동을 많이 하면 잘

할 수 있을 거라 믿은 것이다. 하지만 결과는 부상으로 이어졌다. 정말 K와 L 주변 학생들은 운동을 안 했던 것일까? 체력 훈련을 덜 했을 뿐이지 이 학생들은 '관리'를 하고 있었다.

재수생인 M은 올해 고려대학교 체육교육과가 목표다. 실기는 고3 때까지 훈련하여 잘 나오는 편이다. 고3 때 수능이 아쉬워서 목표대학을 지원할 수 없었고 원하는 대학이 없어 재수하게 되었다. 하지만 M은 재수 초반부터 학업과 실기를 병행했다. 실기 준비 시간이 학업에 큰 지장을 주지 않는다고 판단했다. 오히려 스트레스도 풀고 긍정적인 효과가 많다고 판단했다. 주 1, 2회 정도 꾸준하게 실기 대비를 했다. 그래서 이미 고려대학교 체육교육과 실기 고사를 9월 정도에 올만점에 가깝게 만들어 놨다. 안정된 실기 능력 때문인지 학업 밸런스도 좋았다. 수능 후 안정적인 점수를 받았고, 이제 실기만 잘 마무리하면 합격이 눈앞에 보였다.

수능 후에 M은 더 무리할 필요가 없었다. 다만 수능 전 잠시 공부 컨디션 조절을 위해 약 2주 정도 실기훈련을 중단했다. 그 기간 동안 떨어진 운동 밸런스만 잘 잡아주기만 하면 된다. 2주 정도 기간이면 컨디션을 끌어올리는 데 문제없었다. 그 후에는 실기기록만 체크하고 더 이상 강도 높은 훈련을 할 필요가 없었다. 고려대학교 체육교육과 실기테스트 보면 90% 이상 합격권 실기점수를 받았다. 나머지 10%를 보완하기 위해서 동영상으로 이미지트레이닝을 했다.

그 외 부족한 부분은 학원 원장님과 상담을 통해 해결했다. 이렇게 시즌 기간을 보내고 실기 고사장에 갔다. 결과는 최고기록. 고려대학교 체육교육과에 최초 합격했다.

K와 L의 입장에서 학생 M은 운동을 열심히 안 하는 학생으로 보였을 수 있다. 아니면 그냥 타고났다고 생각할 수도 있다. 하지만 이들의 차이는 거의 없다. 단순히 M은 실기훈련을 꾸준하게 해왔던 차이밖에 없다. 그 차이가 수능 때는 합격과 불합격으로 나눈 것뿐이다.

목표대학에 합격하는 그것은 어쩌면 사소한 차이에서 시작된다. 아직도 많은 부모님께서 자녀의 학업 시간 확보를 이유로 운동을 미루고 있다. 설사 좋은 점수가 나왔다 하더라도 부족한 실기 능력 때문에 불합격하는 사례가 최근 급증하고 있다. 아이들의 실기 수준이 예년에 비해서 뛰어나기 때문이다. 지금이라도 실기훈련을 해야 한다. 만점까지는 아니더라도 80% 정도의 수준까지 수능 전에 완성해야 한다. 그렇게 된다면 부상 없이, 안정적으로 실기 고사장에 갈 수 있다. 실기 종료 후 분명히 이런 전화가 시험 본 아이에게 올 것이다.

"엄마, 나 합격할 것 같아!"

재수를 해야 할 학생과 하면 안 되는 학생

만감이 교차하는 2월 1일

매년 2월 1일은 365일 중에서 이날을 입시생에게 있어서 가장 중요한 날이다. 입시생뿐 아니라 학부모와 나에게도 행복하고 슬프고 아쉽고 여러 가지 감정이 교차하는 날이다. 바로 이날은 해당연도 정시전형 최초 합격자 발표 마감일이다. 수시는 이미 끝났고 마지막 기회였던 정시전형까지 종료된 것이다. 합격한 학생들에게는 축하의 박수를 보내겠지만, 그렇지 않다면 이제 당장 해야 하는 고민이 생긴다. '어디 전문대라도 갈 것인가?' 아니면 '재수를 할 것인가?'

당장에 전문대를 가겠다. 혹은 추가합격을 노리겠다는 선택은 번외로 하겠다. 그 선택에 대해서는 당장에 여기서 논하자면 이 책이 끝날 때까지도 다 이야기 못 할 수도 있다.

그렇다면 목표대학을 위해서 재수를 결정한 학생들에게 무조건 응원을 해줘야 할까? 사실 그렇지 않다. 재수 선택은 정말 신중해야 한다. 재수를 꼭 해야 하는 학생들이 있다면, 재수하면 안 되는 학생들도 있다. 그러면 누가 재수를 해야 하고, 누구는 하면 안 되는 학생일까? 그리고 재수를 하면 안 되는 학생들은 무조건 재수를 하면 안 되는가? 지금부터 생각해보자.

재수를 꼭 해야 하는 학생

입시도 운이 따라야 한다는 말을 들어봤을 것이다. 학생의 의지와 상관없이 불가항력적인 상황이 벌어질 수 있다. 자신이 통제할 수 없는 여러 가지 이유로 시험 결과에 영향을 미쳤고 제 실력을 발휘할 수 없어서 불합격했다면 이 학생은 무조건 재수를 해야 한다. 예를 들어 시험 전날 먹었던 식사가 상했다든지. 시험을 보러 가던 중 사고가 있었다든지 말이다. 이러한 예는 정말 지극히 예외적일 수 있지만 그래도 일어날 수 있는 일이다. 자연재해 등의 문제는 빼도록 하자. 나는 이러한 상황의 학생들도 재수를 강력하게 추천한다.

평소 3월, 6월, 9월까지 일반적인 데이터만 봐도 최상위권인 학생 N이 있다고 가정하자. 이 학생은 누가 봐도 수능에 영역별 1~2등급 거뜬히 나올 만한 성적이 예상된다.

안타깝게도 수능 때 제 실력을 발휘하지 못했고 N은 목표대학에 지원할 수 없었다. 이 상황에 대해 사람마다 평가가 다를 수 있다. '수능 때 시험을 잘 못 본 것도 실력이다.'라고 평가할 수도 있다. 하지만 나는 입시 데이터를 분석하다 보면 이런 학생들의 재수 성공률은 거의 100%에 가깝다고 생각한다. 1년 동안 절치부심하여 준비할 것이고 그 당시 오답들을 객관적으로 분석할 수 있다. 이러한 N 학생에게 한 번 정도 재수의 기회를 주는 것은 마땅하다고 본다.

체대 입시는 정말 어려운 것이 일반계열보다 변수가 많다. 그 변수 중에는 실기 고사가 가장 큰 비중을 차지한다. 그리고 수능도 잘 봤고, 이제 실기만 잘 보면 연세대학교 체육교육학과의 합격을 눈앞에 둔 학생 O가 있다. O는 연세대학교 체육교육학과의 세 종목(제자리멀리뛰기, 메디신볼 던지기, 25m 왕복달리기)만 잘 치르면 된다. 앞서 두 종목은 잘 치렀고, 25m 왕복달리기만 남겨둔 상황이다. 평소 연습한 대로 기록만 나오면 된다. 근데 그 날따라 감독관의 판정이 이상하다. 분명히 자신은 잘 뛰었는데 파울 처리가 되었다. 왜 파울했는지 이유도 알려주지 않는다. 항의해봐도 소용이 없다.

2차 측정을 해야 했다. 하지만 이미 1차 시기에 체력을 소모했기 때문에 2차 시기에 기록이 나올 리가 없다. 기록은 나오지 않았고 O는 최종적으로 불합격하게 되었다. 파울한 것도 실력이라고 반문할 수 있다. 하지만 자신의 의지와 상관없이 파울 처리되는 사례가 비일비재하다. O의 잘못이라고만 볼 수는 없다.

이러한 상황은 체대 입시 전반에서 앞으로도 고쳐나가야 한다고 생각한다. 그리고 이러한 O에게 재수의 기회를 준다면 분명히 성공한다고 본다. 위 N과 O의 공통점은 누가 봐도 잘하는 학생이란 것이다. 다만 마지막 한끝의 실수로 인해서 불합격했다. 만약 이들이 재수하고 싶다고 부모님께 요청한다면, 결정을 고민할 필요가 없다. 이 학생들은 1년 이란 소중한 시간을 투자하여 목표대학에 꼭 합격할 수 있기 때문이다.

재수하면 안 되는 학생

재수하면 안 되는 학생은 사례를 들어 이야기할 필요도 없다. 이건 부모님이 아이에 대해서 더 잘 알기 때문에 구구절절 설명하지 않아도 된다. 이 중에 정말 재수하면 안 되는 학생은 다음과 같다.

- 공부와는 거리가 멀었던 학생
- 자기주도학습을 할 수 없는 학생
- 대학 가기 위해 실기를 어쩔 수 없이 한 학생
- 수학을 자의적으로 포기할 학생

자기주도학습을 할 수 없으므로 당연히 공부와 거리가 먼 학생은 재수하면 안 된다. 물론 기숙학원 등에 입소하여 아이가 해보려고 한다면 이야기는 다를 수 있다. 그런데 혼자서 해보겠다고 하는 학생들은 무조건 실패한다.

고3 때까지 12년 동안 보여준 것이 있는데, 1년 만에 열심히 할 수 있을까? 이러한 학생들이 재수해서 성공하려면 강력한 외부 자극 없이는 그 성향이 절대 바뀌지 않는다. 그 외에 실기 고사를 위한 운동을 힘들어하는 학생도 체대 입시를 목표로 재수하면 안 된다. 이미 그 학생에게는 '운동'이 아니라 '노동'이다. 죽기보다도 힘든 이 실기훈련을 더 이상 진심으로 지속할 수 없다면 재수를 하지 않는 것을 추천한다.

또 수학을 포기한 학생이 왜 재수를 하면 안 되지? 라고 의아해할 수 있다. 하지만 수학을 자의적으로 포기한 학생은 우선 학업에 대해서 편하게 하려는 성향이 있다. 학생마다 다를 수 있지만 대체로 성향이 그렇다. 국영탐만 공부하면 인서울할 수 있다고 믿는다. 수학만 포기하면 국영탐이 잘 나올 줄 안다.

하지만 호락호락하지 않다. 국어는 생각보다 잘 오르지 않는다. 그리고 믿었던 국어가 막판에 가장 잘 배신한다. 이렇게 성적이 나오지 않아 재수하게 되었을 경우 똑같은 고민을 또 하게 된다. '수학할 시간에 국영탐이나 열심히 하자'라고 말이다. 고3 때의 상황을 답습하게 되고 재수에 실패할 확률이 높다.

합격 DNA을 만들어야 한다

재수라는 1년의 세월을 투자하여 서울대학교에 합격할 수 있다면 누구라도 재수를 선택할 것이다. 재수를 통해 100% 합격하려면, 누구보다도 확실한 목표 의식이 있어야 한다. 재수하면 안 되는 학생 중에 '뚜렷한 목표대학이 없었던 학생'도 추가하고 싶다.

나는 정말 많은 재수생을 보았다. 분명 재수하면 안 되는 학생들이 대학에 간 사례도 적지 않다. 어떻게 성공했지? 의문이 들 것이다. 그 학생들이 재수해도 되는 학생들로 변했기 때문에 성공할 수 있었다. 변한 건 단 한 가지다. 확실한 목표가 수립된 것이다. 그리고 그 목표를 향해 간절하게 학업과 실기를 병행했다. 이렇게 1년을 보내니 성공할 수밖에 없다.

재수를 떠나 일단 고등학교 수험생 생활에 최선을 다해야 한다. 수학도 공부해야 한다. 주어진 어려운 상황을 피하지 말고 부딪혀야 한다. 그 도전을 즐겨야 한다. 그렇게 즐기다 보면 합격의 DNA가 생긴다. 만약 재수하더라도 이 DNA만 있다면 성공할 수 있다. 재수하면 안 되는 학생들이 합격의 DNA를 재수 기간에 생성되었기 때문에 성공한다. 생성 기간이 빠르면 빠를수록 합격률은 급격히 상승한다. 어차피 합격은 학생 자신이 만든다. 컨설팅 등의 외부의 도움으로 합격의 방향은 설정할 수 있어도 실행은 학생이 해야 한다. 합격을 위해 오늘도 달려보자. 2월 1일, 세상 누구보다 행복한 날이 되길 응원한다.

3장

무조건 합격하는
체대 입시 키포인트

'체대 입시 근육'을 키워라

실기 준비는 곧 성적 하락?

체대 입시에서 합격생을 선발하는 기준은 너무나도 간단하다. 학생부종합전형을 제외하고 수시전형의 실기전형은 '내신+실기'의 합산점수, 정시전형은 '수능+실기'의 합산점수를 내림차순을 정원에 맞춰 선발한다. 즉, 체대 입시는 수시와 정시전형에 모두 반영하는 전형평가 요소인 '실기'만 잘 준비해도 합격의 경쟁력이 있다. 당연히 따로 강조하지 않아도, 내신과 수능은 그 중요도를 인지하고 있기 때문이다. 그렇기에 실기까지 꾸준하게 잘 대비한다면 합격을 향해 순항하고 있는 것이다. 하지만 이렇게 간단한 합격의 공식을 알면서도 학부모들은 왜 실기 준비에 대해서 주저하고 있는 것일까?

내가 운영하는 유튜브 채널 '민중쌤tv'에 2021년 3월에 업로드

한 영상 하나가 화제가 됐다. 주제는 '실기 준비하면 왜 성적이 떨어질까요?' 였다. 부모님들을 위한 콘텐츠였는데 오히려 학생들에게 더 화제였다. 이유는 이 영상을 보고 부모님들이 생각을 바꾸고 실기 준비하는 것을 허락해주었다는 것이었다. 해당 영상은 실기 준비와 성적이 아무런 상관관계가 없다는 내용을 담고 있다. 사실 부모님들도 마음속으로는 실기가 중요하다는 것을 잘 알고 계신다. 하지만 대부분 실기 고사 종목을 대비하는 운동시간만큼 학업 준비 시간을 빼앗긴다고 생각한다. 그래서 실기 준비의 시작 시기를 최대한 늦게 정하게 된다. 시기가 늦을수록 자녀가 학업에 더 집중할 것이고 성적 향상이 될 거라 믿기 때문이다.

이 믿음은 정말 엄청난 오해이자 오류다. 왜 공부 시간을 더 확보한다고 아이가 더 공부할 것이라 생각하는가? 확보된 시간만큼 아이가 더 놀 것이라는 생각은 왜 안하는 걸까? 나는 학생들과 학습동기부여 컨설팅을 할 때 필수로 시간 관리의 중요성에 대해서도 상담을 한다. 당연히 학생 대부분은 시간 관리의 개념조차 없을뿐더러 학교 외에 시간을 노는 것에 쓰고 있다. 즉 학습 자체를 하지 않는 것이지, 실기 준비와 아무런 상관이 없다. 오히려 조기에 실기 준비를 시작한 학생들이 더 잘하는 경우가 많다. 학원 선배들의 합격, 불합격 사례 정보를 인지하고 조기에 학업의 중요성을 깨닫게 된다. 실기 준비 자체가 학습의 동기부여로 연결되는 것이다.

몸의 리듬을 체대 입시화하라

체대 입시는 실기전형이 중요한 변별력을 갖는다. 즉, 실기 고사를 대비해야 체대에 진학할 수 있다. 공부만 하고 있다면 아직은 진정한 체대 입시생이 아니다. 어차피 실기를 위해서 시간을 할애할 것이다. 그렇다면 그 시기가 빠르면 빠를수록 좋다. 추천하는 좋은 시기는 고2 3월쯤이 좋다. 학습 분위기도 잡고 아직은 실기에 대한 부담도 없을 때라 조급함도 없어 안전하게 실기 준비하기에 좋은 시기다. 고3의 경우는 가급적이면 3월을 넘기지 않았으면하고 정말 늦어도 6월 모의고사 전후로 실기 준비를 해야 한다.

왜 빠르면 유리한가? 그건 '적응'의 문제다. 우리 몸의 리듬을 체대 입시화 하는 것이 중요하다. 예를 들어 매일 같이 식사 후 커피를 먹는 사람에게는 커피가 없으면 안 된다. 커피 자체가 습관화되어 있기 때문이다. 즉 실기 준비를 위한 운동도 습관화되는 것이 가장 최적이다. 운동하게 되면 부모님은 자녀의 체력이 떨어진다고 생각할 것이다. 하지만 절대 그렇지 않다. 〈중학생들의 12주간 방과 후 농구 훈련 프로그램 참여가 신체활동능력과 학습관련 요인에 미치는 영향〉(한국산학기술학회논문지 제19권 제9호, 2018.09)라는 학술 저널 연구에서도 다음과 같이 기술하고 있다. "방과 후 농구 훈련 프로그램의 참여는 중학생의 신체적인 성장과 발달과 학업 성취도 측면에 긍정적인 영향을 준다."

즉, 운동이 학습집중력 향상에 더 효과(동기부여)가 크다는 것이다. 12주간 운동한 것 자체가 습관화되었기 때문에도 가능한 일이다. 하지 않던 운동을 갑자기 하면 근육통이 오고, 회복을 위해서 몸이 피곤한 것은 당연한 생체원리다. 사실 이 부분을 학생과 학부모가 가장 걱정한다. 이 문제를 해결하는 방식은 가능한 조기에 몸을 적응시키는 것밖에 없다. 고3 6월 모의고사가 끝났어도, 이 적응 기간에 대한 부담감 때문에 차일피일 미루다가 수능 끝날 때까지 시작을 못 하는 경우가 적지 않다.

이 상황까지 온다면 사실상 예상 합격률은 이미 바닥일지도 모른다. 주 2~3회 정도 운동하는 것의 적응 기간을 개인차가 있지만 보통 한 달 정도로 본다. 고3 6월 전후의 중요한 기간에 이 한 달의 시간을 쓰는 것보다 부담이 덜한 고1, 2 정도로 앞당기는 것을 적극적으로 권한다. 이미 고3 중반에 이 책을 접하는 분이 있다면, 고민하지 말고 바로 실기 준비를 하는 것이 최선의 방법이다.

운동해본 적이 없는데 할 수 있을까요?

체대 입시는 운동경력이 필요 없다. 운동경력이 있는 엘리트 체육을 한 선수의 경우는 특기자전형으로 따로 분류된다. 그러므로 일반전형을 지원하는 학생들은 잘하는 운동이 없어도 체대 입시를 할 수 있다. 문제는 '나도 할 수 있을까?' 하는 마음가짐이다. 이러한 부담감 때문에 자존감이 하락하고, 마음만은 이미 체대 입시생인데 실기 준비하는 것이 두려워진다.

체대 입시의 일반전형은 선수를 선발하는 전형이 아니다. 높은 실기 능력이 지원의 필수 조건이 아니다. 그렇다고 운동을 아예 못 해도 갈 수 있다는 것은 아니나, 준수한 수준이면 대학 가는데 문제가 없다. 어떠한 신체조건이라도 후천적으로 훈련을 통해 대학에서 원하는 수준에 도달할 수 있다. SKY 체육교육과 재학생 중에 제자리멀리뛰기를 3m 이상 뛰는 학생들이 몇이나 될까? 거의 없다. 그렇게 뛸 필요가 없기 때문이다. 하지만 대부분 남학생 270~280cm, 여학생 210~220cm 정도는 다 뛸 수 있다. 이 정도 기록은 1년 이상 꾸준하게 실기 준비하면 다 만들어 낼 수 있는 기록이다. 이런 쓸데없는 고민으로 실기 준비를 늦춘다면, 여러분만 손해다.

'체대 입시의 근육을 키워라'라는 말을 오해해선 안 된다. 단순히 운동, 체력을 위한 생리학적 근육을 단련하라는 뜻이 아니다. 학습적, 신체적, 심리적 모든 요인에 관한 의미를 포함해야 한다. 학습동기부여, 실기를 위한 체력 이 모든 것을 해낼 수 있는 강인한 마음까지 갖춘 것이 '체대 입시 근육'이다. 이 근육은 단 시간내에 만들 수 없다. 하지만 시간과 노력을 투자하면 누구나 만들 수 있다. 여러분이 명심해야 하는 것은 이 체대 입시 근육을 완성하려면 언제까지나 '실기 준비'를 해야 한다는 점이다. 학습 시간 확보, 몸의 적응 기간, 실기에 대한 부담감 등의 불안 요소를 이겨내고 합격을 향해 달려가자.

'수학'은 체대 입시엔 필요하지 않은 걸까

수학 준비의 딜레마

우리가 어떤 것에 대해서 '선택'할 때 기회비용은 항상 발생한다. 입시에서도 기회비용은 존재한다. 체대 입시의 수능 반영 방법은 인문/자연 계열에 비해 대체적으로 부담이 적다. 수능 반영 과목 중에서 필수반영보다 선택반영이 많기 때문이다. 그래서 체대 입시생들은 어떤 과목을 제외해야 한다면 일반적으로 수학을 선택한다. 체대에서는 이러한 입시생의 마음을 파악(?)했는지 수학을 선택과목으로 지정한다. 이 상황에서 우리는 현명하게 대처해야 한다. 쉬운 길을 선택하려 하면 그만큼 우리의 합격률이 떨어진다. 쉬운 길에 많은 사람이 몰릴 수밖에 없다.

체대 입시에서는 수학을 계륵(鷄肋)으로 생각하는 경향이 많다. 수학을 버리기에는 뭔가 불안하고, 준비하자니 수학은 왠지 안 써

먹을 것 같아 손해 보는 느낌이다. 그래서 선택과 집중을 위해서 대부분 수학을 포기하는 쪽으로 결정한다. 결정은 여러분의 몫이다. 하지만 중요한 건 이 상황에서 우리가 범하는 실수에 대해서 간과해서는 안 된다는 것이다.

수학은 공부의 원동력

수학을 포기하는 학생들은 대부분 해보지도 않고 포기한다. 단순히 해보지 않았기 때문에 시작할 엄두가 안 나는 것이다. 설사 공부했더라도 1, 2개월 이상 정성을 다해 공부하지 않는다. 물론 이해가 안 가는 것이 아니다. 10년 넘게 기본 사칙연산 외에 공부한 게 없는데 수학을 공부하려니 시작이 어려운 것은 당연하다. 쉽게 시작하려면 나는 단순히 수학 등급 향상을 위해서 공부하지 말라 조언한다. 나는 천안의 기숙사 고등학교에 다녔다. 기숙사라는 특징 때문에 학교 정규수업이 끝나면 기숙사에서 학업을 연결해야 했다. 그 당시 인터넷 강의는 상상도 못 했고 학원에 다니거나, 과외도 받을 수 없었다. 도움받을 수 있다면, 학교 선생님이나 공부 잘하는 친구들에게 질문하는 정도였다. 그래서 대부분 자기주도학습을 통해서만 공부해야 했다. 그때 고1 초반부터 집중적으로 공부했던 과목이 수학이었다. 최근에도 고등학교 친구들을 만나면 그 당시, 수학을 좋아했고, 심지어 수학만 공부했다고 나를 기억한다. 왜 수학을 먼저 공부했는지 이유를 설명할 수는 없다. 하지만 만약에 수학이 아닌 다른 과목을 먼저 공부했다면 아마 공부 자체에 흥미를 잃어버렸을 것이다. 수학은 나에게 빠른 피드백을 주었다. 그래서 재미가 있었다. 수학이 재미있었다니! 이해가 안 가는 독자들도 있겠다. 하지만 정말 재미있었고, 덕분에 공부 자체에 흥미도 계속 이어갈 수 있었다. 지금도 그 당시 공부했던 수학을 입시 데이터 분석에도 적극적으로 활용하고 있다.

나는 개인적으로 수학은 타 주요 과목인 국어, 영어보다 성적 향상이 조금 더 빠르다고 생각한다. 기본개념을 익히면 바로 풀 수 있는 문제가 보인다. 그렇게 하나하나 풀어나가다 보면 어느새 수학에 자신감이 붙는다. 나는 여기에 포인트를 둔다. 국어, 영어는 공부한 양에 비해 피드백이 늦은 과목이다. 오늘 10시간 공부했다고 해서 바로 확실하게 풀 수 있는 문제가 있지 않다. 처음 한두 달은 공부해도 이러한 기간이 길수록 공부에 대한 확신이 줄어든다. 이

| 국어와 수학의 성적 향상 분석 그래프 |

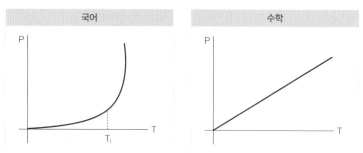

* X축, T=time(시간) / Y축, P=point(점수) / T1=성적이 급격하게 올라가는 시점

러한 불안감 속에 모의고사를 볼 때마다 성적 향상에 대한 믿음이 희미해진다. 최악의 경우, 공부 자체를 포기하게 될 수 있다. 만약 자녀들이 입시가 다가오면서 실기에 더 목매는 경향을 보인다면 공부 자체를 포기한 건 아닌지 의심해봐야 한다. 이 상황은 절대 오면 안 되는 상황이지만, 많은 체대 입시생이 겪는 사례다.

나는 10년 동안 기숙학원에서 체대를 목표로 하는 재수생들의 성적관리를 해왔다. 특히 어느 시점에서 가장 성적 향상이 되는지 영역별로 분석했다. 국어는 모든 영역에서 성적 향상이 가장 더디다. 하지만 T1의 시점부터 급격히 향상된다. 이 T1의 시점은 개인마다 차이가 있다. 보통 유소년 시절의 독서량이나 학창시절 학습량에 따라서 더 빠르거나 늦어질 수 있다. 문제는 이 T1의 시점이 고3 6월 모의고사 전까지 오지 않을 때. 지금까지 노력한 결과가 점수로 이어지지 않아 자존감 하락이 되면 학업 자체를 포기하게 되는 상황까지 가는 것이다.

수학은 일반적으로 1차 함수의 성적 향상 그래프를 보인다. 공부한 만큼의 성적 향상이 연결된다. 이 책에서 수학 공부법을 소개할 것은 아니지만, 수학은 초반 공부의 자존감을 올리기에 좋은 과목이다. 그래서 고1, 2학년 학생들에게 먼저 공부해야 할 과목을 정하자면 수학을 강조한다. 수학은 반영과목으로써도 중요하지만, 입시 전체로 볼 때 아주 핵심적인 과목이다. 수학으로 인해 모든 과목에 대한 학업 의지를 극대화할 수 있다.

수학을 반드시 준비하라

수학의 반영 방법을 보면 우리가 수학을 왜 해야 하는지 알 수 있다. 서울대학교 체육교육과를 포함하여 고려대, 연세대, 중앙대, 서울시립대, 동국대, 성균관대, 한양대 등은 수학이 필수반영대학이다. 즉, 수학을 포기하는 순간 목표대학 리스트에서 위 대학은 사라진다. 지원조차 할 수 없는 것이다. 그 외에 실제로 선택과목 반영대학에서 '국영탐' 조합보다 '수영탐' 조합으로 선택한 학생의 합격률이 더 높다. 전략적으로 수학을 활용한다는 뜻이다.

수학은 반드시 해야 한다. 단, 왜 수학이 필요한지부터 아이들에게 인식시켜줘야 한다. '단순히 수학 공부해!' 이런 말은 아이와 부모님의 친밀감만 떨어뜨린다. 능동적으로 수학을 공부하게끔 차근히 기다려야 한다. 부모님들이 조급하게 성적 상승을 기대하면 안 된다. 그 조급함은 자녀에게 부담감으로 전달되고 부정적인 영향을 미치게 된다.

어쩌면 내가 '수학 전도사'처럼 느껴졌을 수도 있을 것이다. 하지만 수학을 하라는 이유는 정말 확고하게 답변할 수 있다. 합격하기 위해서다. 합격하려면 경쟁력을 키워야 한다. 경쟁력을 키우려면 남들이 힘들어하는 길을 지나가야 한다. 그 힘든 길이 바로 수학이다. 비록 힘들지만, 그 수학의 길을 지나갔을 때 비로소 합격이라는 종착지를 향해 힘차게 나가고 있을 것이다.

정확한 목표대학이 있는가?

여러분, 목표대학이 있나요?

나는 '체대 입시 토크콘서트'라는 오프라인 강연을 진행 중이다. 수많은 강연을 통해 많은 학생과 소통했다. 그 소통하는 과정에서 반드시 물어보는 한 가지 질문이 있다. "여러분 체대를 가고 싶은 마음은 충분히 알겠습니다. 그렇다면 목표대학이 있나요?" 이렇게 질문하면 학생들은 갑자기 내 눈을 피한다. 그 반응을 놓치지 않고 나는 다시 물어본다. "목표대학이 있나요?" 역시나 대답은 돌아오지 않는다. 아쉽다. 아마도 지금까지 목표대학 없이 막연하게 지내왔음이 틀림없다. 그 막연함의 기간이 길면 길수록 합격률은 떨어질 수밖에 없다.

앞장에서 기본적인 합격의 조건으로 계속해서 강조했던 것이 있었다. 바로 '목표대학 설정'이다. 목표대학이 설정된 학생과 그렇지 않은 학생의 차이점은 생각보다 크다. 목표대학 설정이 된 학생은 해당 대학의 기본적인 정보 파악이 가능하다. 전형 방법, 수능 반영비율, 실기 고사 종목, 만점 기록, 배점 급간, 학생부 반영 과목, 파울 기준 등 너무나도 많다.

목표대학의 정보들을 파악하면 효율이 오를 수밖에 없다. 힘든 실기 운동이라도 내 목표대학의 전형 방법을 확인했기 때문에 피할 수 없다. 오히려 내 목표를 위해 즐기면서 운동할 수 있다. 마음가짐 자체가 달라지므로 목표대학 설정 유/무는 더 강조해도 지나치지 않다. 가급적 빠른 목표대학 설정은 합격의 중요한 시작이 된다.

먼저 나를 파악하라

2022학년도 기준으로 동국대학교 체육교육과(체교)는 유연성을 반영한다. 유연성이 마이너스라면 동국대 체교를 목표로 하기가 어렵다. 그런데 많은 수의 학생이 유연성이 선천적으로 불리함을 타고났는데, 동국대 지원을 위해 유연성을 준비하고 있다. 누군가가 정확하게 판단해줬다면 유연성을 반영 안하는 건국대, 고려대, 한체대 등의 대학을 추천해줬을지 모른다. 또한, 동국대 체교는 정시전형에서 수학을 필수반영한다. 그런데 수학을 일찍이 포기했으면서 동국대 체교에 합격하겠다고 실기 준비하는 학생들도 있다. 얼마나 안타까운 일인가? 본인에 대한 정확한 파악이 안 되었기 때문에 목표대학 설정도 제대로 할 수가 없다. 다음의 요소에서 유불리를 파악해본다면 대학 설정하는 데 도움이 될 것이다.

①나는 체육 교사가 꿈이다

    ex) 체육교육과 설정

②나는 수도권이 목표다

    ex) 서울, 수도권 체육교육과 설정

③나는 수학을 잘 못한다

    ex) 수학 필수반영이 아닌 서울, 수도권 체육교육과 설정

④나는 유연성이 좋지 않다

    ex) 유연성을 미반영하고 수학 필수반영이 아닌 서울, 수도권 체육교육과 설정

이렇게 세부적으로 분류하다 보면 모든 조건을 충족하는 대학이 나온다. 바로 다군에 인하대학교 체육교육과다. 이렇게 나에 대해서 장/단점을 파악하고 내가 원하는 것을 세분화, 구체화하는 것이 중요하다. 단, 고1 정도의 입시 초반부터 너무 전략적으로 대학을 설정하는 것은 좋지 않은 입시 준비 방향이다. 나중에 어떤 문제가 생겼을 때, 방향 전환이 어렵기 때문이다. 나는 고2 말까지는 부족한 요소가 있을 때 피하기보다는 우선 보완하는 것에 노력하라고 전한다. 그렇게 해서 고3 초반까지 준비했지만, 눈에 띄게 성과가 오르지 않는다면 전략적으로 피해가도 좋다.

정확한 정보를 확인하라

나에 대해서 파악했다면, 이제 펙트에 근거한 입시 정보를 기준으로 대학에 접근해야 한다. 요즘에는 입시전형 방법이 예년보다 다양해지고 있다. 더 많은 학생이 지원할 수 있도록 지원 자격을 낮게 설정하고 있다. 대표적으로 수능 반영 방법의 변화다. 수능 반영과목 중 필수반영이 선택반영으로 변경되고 있다. 2021학년도에서는 한국체육대학교가, 2022학년도에서는 삼육대학교, 경기대학교 등이 있다. 이미 2023학년도 전형계획에서도 이러한 변화가 보이고 있다.

한국체육대학교는 2020학년에서도 국어, 수학, 영어, 탐구 수능과목을 필수반영했다. 전 과목을 필수반영하다 보니, 아무래도 학생들 입장에서는 부담감이 컸고 이 영향은 바로 경쟁률 하락으로 이어졌다. 경쟁률 하락은 대학 입학처에서 큰 문제로 생각한다. 경쟁률이 높아야 좋은 학생들을 선발할 수 있다는 이유도 있지만,

| 한체대 수능 반영 방식 비교 |

한국체육대학교 수능 반영 방식의 변화				
	국어	수학	영어	탐구	탐구 반영수
2020학년도	30	30	20	20	1과목
2021학년도	[35]	[35]	[35]	30	1과목

* [ ]=선택 반영 과목

	국어	수학	영어	탐구
학생 01	5	1	1	2
학생 02	4	1	1	4
학생 03	5	3	2	2
학생 04	5	2	2	3
학생 05	4	2	2	1

경쟁률 하락으로 인한 원서접수 비용 매출 감소를 더 문제 삼는다고도 한다. 이러한 상황에 한국체육대학교는 2021학년도에 국어, 수학, 영어 중에 선택 2과목, 탐구 필수 1과목으로 변경하게 된다. 이렇게 변경되고 나니, 학생들은 내가 수학을 못 하니 국어, 영어, 탐구 중심으로 준비해서 한국체육대학교를 지원하는 것으로 전략을 세운다. 하지만 실제로 2021학년도에 한국체육대학교 특수체육교육과에 합격한 학생들의 등급을 확인해보면 생각이 달라질 것이다.

2021학년도 모집정원 14명 중 합격생 5명의 수능 영역별 등급을 공개한다. 합격한 학생들은 공교롭게도 모두 '국영탐'이 아닌 '수영탐'으로 반영한 학생들이 최종 합격했다. 나는 컨설팅할 때 합격 사례의 위 등급을 실제로 보여준다. 그때 상담받는 학생의 표정을 보면 그리 밝지 않다. 특수체육교육과의 예를 들었지만, 등급이 조금 낮을 뿐 타 학과도 상황은 크게 다르지 않다. 이렇듯 정확한 정보를 파악한다면 목표대학 설정에 큰 도움이 된다.

한 단계 더 높은 대학을 목표로 정하라

목표대학은 높으면 높을수록 좋다. 현실적으로 수능 등급이 아주 낮은 고3 학생에게 서울대학교 체육교육과를 목표로 삼으라고 추천할 수 없다. 다만, 기왕이면 내가 가고자 하는 대학보다 더 점수대가 높은 대학을 정하는 것이 좋다. 이 부분은 입시적인 것보다 심리적인 부분이 크다. 어찌했던 목표대학 높게 정했으니 그 목표를 실현하기 위해서 움직인다. 그렇게 해서 정했던 목표를 이루면 너무 좋다. 보통 연고대를 목표로 하던 학생들이 한양대, 성균관대, 서울시립대 정도를 진학하는 것과 유사하다. 원래 처음부터 한양대, 성균관대를 가고 싶은 학생에게 나는 연, 고대를 추천한다. 연고대가 가고 싶다면, 서울대를 목표대학으로 삼으라 한다. 무작정 정해주는 게 아니라 당연히 데이터에 근거해서 현실적인 제안을 해주면, 학생들의 눈이 총명해짐을 느낄 수 있다.

단순히 대학 입학을 목적으로 준비하는 게 아니라 진정으로 내 인생의 목표를 정해야 한다. 그 목표가 추상적이어도 좋다. 그 목표 실현을 위한 중간과정의 목표대학을 정하라. 그 목표대학 합격을 위해 내가 당장 어떤 것을 해야 하는지 전형 방법을 확인하라. 그리고 그 방법대로 필요한 것을 행동하라. 그렇다면 합격은 이제 목표나 꿈이 아니라 현실로 다가오고 있을 것이다.

부담 요소를
집중적으로 공략하라

체대 입시의 난제

입시는 정도(正道)가 있다. 올곧게 준비하면 당연히 합격할 수 있다. 어렵고, 힘들고, 고통스럽고, 부담스럽다고 해서 다 피하면 나중엔 도망칠 곳도 없다. 반대로 어려운 상황들을 이겨낸다면 의외로 합격할 수 있는 것이 입시다. 특히 체대 입시는 그러한 요소가 상당히 많다. 수능과 실기, 이 두 전형 방법 중에 분명 합격을 가를 핵심포인트는 존재한다. 남들이 분명 기피하는 요소들을 파악해 사전에 전략적으로 공략해야 한다.

실기 고사 종목에서 학생들이 준비하기 가장 어려워하는 종목이 두 종목 있다. 바로 '윗몸일으키기'와 전신 유연성을 테스트하는 '좌전굴' 종목이다. 이 두 종목만큼은 아무리 운동을 잘 할 수 있는 피지컬을 가진 학생들도 치를 떠는 종목이다. 좌전굴을 향상시키기 위한 훈련은 운동이라고 생각하지 않는 학생도 있다. 운동이 아니라 고문이라고 생각한다.

보통 윗몸일으키기는 허리통증, 큰 키, 허리의 유연함 부족 등으로 기록이 잘 나오지 않는다. 하지만 선천적으로 못하는 학생도 노력에 따라서 충분히 커버할 수 있다. 그래서 이 종목들을 잘 대비하면 너무나도 쉽게 대학에 진학할 수도 있다.

보통 수시 실기전형 경쟁률은 평균적으로 10 대 1은 기본적으로 넘는다. 지난 2021학년도는 코로나19로 인하여 많은 대학이 유연성 또는 윗몸일으키기를 한시적으로 폐지했다. 하지만 꼭 그러한 입시 기조가 필수적인 이행사항이 아니라서 몇몇 대학은 기존 종목을 현행 유지했다. 학생들은 윗몸일으키기나 유연성이 폐지된 대학으로 몰렸고 현행 유지한 대학의 경쟁률은 낮아졌다.

충청권 대학인 호서대학교 사회체육학과의 경우는 22 대 1 경쟁률에서 4 대 1까지 떨어져서 사실상 미달(수시는 6 대 1 이하, 경쟁률 미달)했다. 지원한 학생들은 웬만한 결격사유가 없다면 모두 합격했다. 이 외에 한국체육대학교도 2분 윗몸일으키기를 유지한 결과, 전체적으로 전년 대비 경쟁률 하락(특수체육교육과, 사회체육과, 스포츠산업학과 기준)으로 이어졌다. 좌전굴의 경우도 좌전굴 종목이 없는 대학에 비해 낮은 경쟁률 경향을 보인다. 다군의 단국대학교 체육교육과가 인하대학교 체육교육과보다 경쟁률이 매년 낮았던 이유도 좌전굴 종목 유/무의 영향이 크다고 할 수 있다.

경쟁력을 갖춰라

우리가 남들보다 입시경쟁력을 갖추기 위해서는 남들이 어려워하는 것을 더 보완해야 한다. 그리고 대학에 합격하기 위해서는 합격을 위한 필수요소를 더 확실하게 내 것으로 만들어야 한다.

바로 시작하라

실기 고사에 대해서 언제부터 준비해야 할까? 고민할 때 바로 시작하라. 그리고 시작했다면 유연성과 윗몸일으키기 등의 종목은 '꾸준한 준비'가 정답이다. 턱걸이, 매달리기 등의 근지구력 테스트의 경우도 성실하게 준비를 잘하면 특별한 기술이 없어도 만점을 받을 수 있다. 서울대학교 체육교육과에서 턱걸이, 매달리기 등이 단기간에 올리기 어려운 만큼 조기에 준비하여 안정적인 기록을 확보하는 것이 중요하다. 최소한 1년 정도 준비를 해야 한다. 준비 시작 시기는 보통 고2 초반이면 아주 좋다. 늦어도 고3 초에는 실기를 시작하고 이미 그 시기를 넘어갔다면 이 책을 보는 즉시 실기 고사 준비를 해야 한다.

학습 성취도를 올려라

만약 고1, 2 자녀를 둔 학부모라면 국어, 영어보다 수학을 먼저 더 공부하라고 강조해야 한다. 현장에서 입시 컨설팅을 하다 보면 대부분의 학부모는 국어가 중요하다고 생각한다. 그렇게 국어만 강조하다가 망한 케이스를 너무 많이 봤다. 학습 성취도를 올리기 위해서는 생각보다 수학이 더 효과적이다. 1등급이 어렵다면 3, 4등급을 목표로 하라. 수능 문제를 풀기 어렵다면 중학교 기본 문제부터, 문제가 어렵다면 수학 공식을 외우면서 개념 정리부터, 이런 식으로 작은 것부터 해결할 수 있는 능력을 키워나가자. 하나하나 성취도를 올리다 보면 수학 등급상승은 이미 이뤄냈을 것이다.

당연한 것을 완벽하게 만들라

체대 입시에서는 탐구의 비중이 매우 높다. 이화여대, 덕성여대, 국민대, 서울과기대, 인천대 등의 대학은 무려 30% 넘게 반영한다. 반영비율이 높은 대학은 무려 50%까지도 반영한다. 이렇듯 탐구 영역은 생각보다 매우 중요한데, 많은 학생이 수능 관리 우선순위에서 뒷순위로 생각하는 경우가 꽤 있다. 탐구 1등급이 국어 1등급보다 매우 수월함에도 말이다. 수학으로 학업 성취도를 올리기 어렵다면, 탐구 영역으로 성취도 상승을 대신할 수 있다. 3개월 정도면 충분히 2~3등급으로 만들 수 있다. 이제는 2022학년도 수능부터 사탐/과탐 교차 선택이 가능해졌다. 내가 정말 고교 교과과정에서 가장 자신 있는 과목을 사/과탐 상관없이 사전에 골라서 집중적으로 준비하길 바란다.

체대 입시의 대표 종목으로 제자리멀리뛰기, 10m/20m 왕복달리기, 배근력, 메디신볼 던지기 등이 있다. 이 주요 종목만큼은 만점까지는 아니어도 준수한 기록을 만들어 놓으면 대학 선택을 안정적으로 할 수 있다. 제자리멀리뛰기 종목을 제외하면 아마 국내 체육대학의 80% 이상은 지원할 수 없을 것이다. 국수영이 수능에서 중요한 필수과목이라면 실기에서는 위 종목들이 그 역할을 하고 있다. 실기를 조기에 준비해서 체대 입시 필수종목을 수능 전에 미리 어느 정도 완성해야 한다. 거기에 윗몸일으키기와 유연성, 턱걸이, 매달리기의 실기 능력을 갖췄다면 더 이상 실기에 대해서는 논할 것이 없다.

요즘 체대 입시는 전략이라는 변명 아래 '피할 수 있다면 피해라'를 더 선호하는 분위기다. 그러나 입시는 여러분이 생각하는 것처럼 호락호락하지 않다. 더 부딪혀서 싸워야 한다. 그렇게 어려운 부분을 적극적으로 공략하면 분명히 여러분만의 무기를 만들어 낼 수 있다. 열 번을 강조해도 지나치지 않다.

'피할 수 없다면 즐겨라!!'

고효율 체크리스트를 실행하라

의미 없는 체크리스트는 독

SKY 체육교육과의 합격생들은 공통적인 특징이 있다. 그들은 명확한 목표를 가지고 남들보다 더 노력했다. 명석한 두뇌, 투철한 정신, 강인한 신체 등이 있어서가 아니다. 무엇보다 SKY를 가겠다는 명확한 목표가 있었기 때문에 힘들고 어려운 일도 묵묵히 해 나갈 수 있었다. 그렇다면 목표만 잘 설계한다면 누구나 다 서울대학교 체육교육과에 합격할 수 있을까? 그렇지 않다. 목표 설계보다 이것을 실행해나가는 과정인 '시간 관리'가 핵심이다.

우리는 공부할 때 계획을 세운다. 일반적으로 학생들은 각자 나름대로 플래너에 주간/일간 계획을 세워 공부한다. 계획을 잘 세웠다고 가정하자. 이 계획대로만 하면 SKY 체육교육과에 반드시 합격할 것이다. 하지만 현실은 극소수의 체대 입시생만이 SKY 체육교육과에 최종 합격한다. 계획하고 실행에 따른 결과는 다르다. 서울대에서 전문대까지, 합격에서 불합격까지 그 결과 차이는 천차만별이다. 이러한 결과물의 차이는 왜 발생하는 것일까? 바로, 실행의 '몰입도' 때문이다.

예를 들어 학생들은 영어 공부를 하기 위해 인터넷 강의, 독서실 공부, 과외 등 다양한 일간 계획을 세운다. 그리고 계획 실행을 위해 다음처럼 체크리스트를 작성한다. 그리고 실행 결과에 따라 V 또는 X로 체크하며 실천해나간다. 다음 체크리스트를 보면 인강을 듣지 못했다는 걸 알 수 있다. 이때 인강은 내일 들으면 된다고 위안할 수 있는데, 이유는 네 개 중에서 세 개의 체크리스트를 완성했으니 실행률 75%나 달성했기 때문이다. 부모님께서도 이러한 자녀의 모습을 보고 칭찬할 수도 있다. 하지만 이 체크리스트에는 기본적으로 심각한 오류가 있다. 바로 몰입도를 확인할 수 없다는 것이다.

| 체크리스트 1 |

독서실에서 영어 공부	V
인터넷 강의 1강 듣기	X
영어 단어 30개 외우기	V
예습하기	V

쉬운 설명을 위해 체중 감량과 비교해보겠다. 일반적으로 사람들은 체중 감량을 위해서 식이요법과 운동을 계획한다. 식이요법을 위해 다이어트용 식단을 정하고 운동하기 위해서 헬스장을 등록한다. 그리고 다음의 체크리스트를 설계한다고 가정해보자.

| 체크리스트 2 |

현미밥(200g), 닭가슴살(150g)로 하루 세 끼 먹기	∨
탄산음료 안 마시기	∨
하루 두 시간 운동하기	∨

만약 '하루 두 시간 운동하기'를 실행하기 위해 아침 6시부터 8시까지 두 시간 동안 헬스장에 갔다고 해보자. 우리는 당연히 유산소 운동과 웨이트 트레이닝하고 있는 모습을 상상할 것이다. 하지만 상상하는 모습과는 달리 러닝머신에 위에서 천천히 걸으며 두 시간 동안 드라마를 시청해도 심지어 두 시간 동안 핸드폰을 보면서 헬스장 의자에 앉아만 있어도 '운동하기'를 실행 중인 게 된다. 그렇게 헬스장에 다녀와서는 플래너를 열어 운동하기에 'V'를 뿌듯한 마음으로 체크할 것이다.

같은 '하루 두 시간 운동하기'의 실행이지만, 그 몰입도는 완전히 다르다. 학업 계획과 비교해도 상황이 다르지 않다. '독서실에서 영어 공부' 실천을 위해 독서실만 다녀와도 영어 공부를 한 게 되는 것이다. 독서실에서 잠을 자던, 휴게실에서 핸드폰을 봐도 우리의 영어 공부 계획은 완료하게 된 것이다.

최악의 경우는 중간에 독서실을 나와 친구들과 PC방을 가도, 배가 고파 분식집에서 간식을 먹고 와도 '영어 공부' 계획은 완성이다. 그렇게 독서실에서 돌아온 우리는 부모님께 자신 있게 "다녀왔습니다!" 인사를 하게 될 것이다. 그 모습을 본 학부모는 대견스럽게 생각할 것이다. 이 얼마나 안타까운 일인가? 그러나 이 상황은 생각보다 쉽게 해결할 수 있다. 단순한 체크리스트에서 벗어나면 된다. 그렇다면 고효율의 체크리스트는 어떻게 작성하면 좋을까?

효율이 극대화된 체크리스트 작성법

먼저 세분화하는 것이 중요하다. 단순히 ○○하기 식의 결과물만 놓을 것이 아니라 진행에 대한 커리큘럼과 예상 진행 시간을 체크하면 된다. '운동하기'를 예로 들어보자. 보통 '운동하기'하면 1시간 동안 운동하기 정도로 체크한다. 그러면 일반적으로 몰입도가 떨어질 수밖에 없다. 운동 루틴이 잘 적용되어 있어서 머릿속에 다 들어있다면 크게 상관없다. 하지만 그정도로 습관화가 되어 있지 않다면 미리 운동할 내용을 차례로 숙지하고 체육관에 들어가야 한다. 그리고 계획된 세부 일정에 대해서 최대한 집중해서 실행해야 한다. 위 표처럼 운동을 더 세분화하여 진행할 수 있다. 정해진 시간은 보기 편하게 5분/10분 단위로 끊었지만, 최대한 빨리 끝내

	고효율의 체크리스트	저효율의 체크리스트
18:00~18:05	웜업	
18:05~18:15	벤치프레스(가슴) 5set	
18:15~18:20	숄더프레스(어깨) 3set	30분 동안 상체 훈련
18:20~18:25	케이블 푸쉬다운(삼두) 3set	
18:25~18:30	덤벨 컬(이두) 3set	
	set 간 휴식 30초, 운동간 휴식 1분	

려고 노력하면 좋다. 밀도 있게 운동하고 30분 안에 모든 운동을 다 끝냈다면, 남는 시간을 어떻게 활용할지 고민해보면 된다. 분명 '막연한 운동하기'보다 더 효과적으로 운동할 수 있다.

목표를 위해 큰 그림을 보라

아이들의 몰입도가 떨어지는 이유는 명확한 목표 의식이 없기 때문이다. 더 핵심적으로는 목표를 위한 동기부여가 명확하지 않기 때문에 몰입도가 떨어지는 것이다. 내 진정한 목표를 위한 중간 과정에 공부가 있다고 자각해야 한다. 목표대학 설정을 하면 전형 방법을 확인하게 된다. 전형 방법을 확인하면 그 대학을 위해서 능동적으로 움직이는 이치와 유사하다.

나는 SKY 체육교육과를 목표로 하는 학생들과 대학 외의 대화를 많이 나눈다. 대화를 나누다 보면 특이점이 있다는 걸 느끼게 되는데, 우선 이 학생들은 대학 합격 자체가 핵심 목표가 아니다. 대학 진학 후의 뚜렷한 목표가 있다. 혹시라도 그러한 목표가 없다면 나는 그런 목표를 가질 수 있도록 대화를 이끌어나간다.

SKY 진학 후, 하고 싶은 것에 관해 이야기하고 있으면 자연스럽게 학생들의 학습동기부여를 자극하게 된다. 그리고 대학 입학을 내 삶의 목표로 가는 과정이라고 생각하게 된다. 이렇듯 단순히 영어 단어를 외워서 영어 1등급을 만드는 것이 궁극적인 목표가 아니기 때문에 영어를 대하는 자세가 다르고 당연히 공부할 때도 몰입도가 상승하게 되는 것이다. 단순히 시간 때우기식의 학습 자세는 절대 나올 수 없다. 이러한 사소하지만 작은 생각의 차이가 결과를 만들어 낸다. 내가 진정으로 원하는 삶의 목표가 무엇인가를 생각하는 것만으로도 서울대학교 체육교육과 합격의 시작이 될 수 있다.

체크리스트 작성이 나쁘다는 것은 아니다. 단, 의미가 없는 체크리스트 실행은 시간 낭비라고 강조한다. 억지로 하는 것은 절대 우리에게 약이 될 수 없다. 올바른 체크리스트는 내용이 아니라 그것을 실행하는 우리 마음에 달려있다. 몰입도가 올라갈수록 고효율의 체크리스트가 완성된다. 그렇게 여러분의 체크리스트를 하나하나 실행하면 합격까지 나아갈 수 있다.

누구나 오는 '슬럼프' 탈출 노하우

슬럼프가 오는 원인과 시기

입시생들은 굳은 다짐으로 수험생활을 시작하지만, 공부하는 기간이 길어질수록 심적으로, 체력적으로 지치게 된다. 지친 몸을 쉽게 회복하면 문제가 없다. 하지만 지치는 기간이 장기화할수록 동기부여가 결여돼 수험생답지 않은 생활로 연결된다. 즉 이러한 비효율적인 기간을 '입시 슬럼프'라고 한다.

이 슬럼프는 수험생 누구에게나 찾아온다. 체대 입시생이라고 예외는 아니다. 특히, 주로 수능만 준비하는 인문/자연계 학생들과는 달리 체대 입시생은 실기도 준비하기 때문에 복합적인 입시 슬럼프가 온다. 보통 슬럼프는 자유롭지 못하고 억압받는 생활이 반복될 때 찾아온다. 특히 기숙학원이나 독학 재수학원 같은 시스템에서 더 많이 발생하는 이유가 그렇다. 그리고 학업과 실기 준비를 통해서 내 목표대학을 합격으로 반드시 이루겠다는 목표치가 간절해지면서 심리적으로 압박감이 극대화될 때도 슬럼프가 올 수 있다.

그러다 보니 보통 6월 모의고사 전후로 슬럼프가 많이 온다. 심각한 경우에는 수능 전 마무리 단계에서 오기도 한다. 슬럼프가 오는 원인으로는 본인의 노력에 비해서 원하는 성과나 결과가 덜 따라온다고 느낄 때다. 이 원인이 가장 심각하다고 생각한다.

보통 고3과 재수생의 경우, 3월부터 본격적인 입시 준비에 들어간다. 약 3개월간 열심히 준비하다 보면 어느새 6월 모의고사의 시기가 온다. 이때 원하는 수준까지 오르지 못하거나, 등급의 변화가 미비하다면 3개월간의 공부가 헛수고라고 느끼게 된다. 그러면 학습동기부여가 저하되고 자신을 질책하면서 슬럼프를 흔히 겪게 된다.

이 외에도 실기 준비를 시작하면서 남들보다 기록이 잘 늘지 않거나, 목표대학 만점에 턱없이 부족함을 느낄 때도 마찬가지 상황이다. 이런 경우 학습에 대한 슬럼프보다 더 크게 그리고 길게 오는 경우가 많다. 체대 입시생들은 그래도 실기에 대한 프라이드가 있는데, 이조차 결과물을 만들어 내지 못한다면 체대 자체가 나의 길이 아니라고 생각하기 때문이다.

또한 실기 능력상승, 학업 성취도 등에 대한 문제를 내가 앞으로 개선하지 못할 것 같다는 막연한 불안감이 들 때도 슬럼프가 온다. 이러한 상황은 특정 시기보다는 수시로 찾아올 수 있다. 내가 처한 어려운 상황을 앞으로도 해결할 수 없다고 느끼면, 아마도 이미 슬럼프가 온 것이다. 이 외에도 가정 문제, 교우관계 등 외적인 문제로 인한 다양한 고민으로도 슬럼프를 겪을 수 있다. 이렇게 다양한 이유로 언제 찾아올지 모르는 슬럼프를 우리는 어떻게 극복할 것인가?

슬럼프를 극복하는 네 가지 방법

나는 슬럼프로 인해 고민하는 학생들을 위해 다양한 상담을 진행하는데 그중 가장 효과적인 네 가지를 소개한다.

상담을 받아라

바로 슬럼프가 100% 해결이 되지 않아도, 상담을 받는 것이 좋다. 나의 고민만 털어놓아도 생각보다 슬럼프의 강도가 확연히 줄어든다. 심지어 상담을 통해서 슬럼프 자체를 극복할 수 있다. 따뜻한 말과 진정한 응원이 학생의 학습동기부여를 끌어올릴 수 있다. 혹시 주변에 전문적으로 상담할 수 있는 분이 없다면, 부모님이나 친한 형 등 인생 선배와 상담해도 좋다.

현실적인 목표를 잡아라

대부분 입시 초반에는 목표를 높게 잡는다. 나 역시 상담할 때 목표대학을 학생들이 생각하는 대학보다 1등급 정도 더 높게 잡는다. 하지만 이렇게 높은 목표 때문에 오히려 부담감과 압박감을 느낀다면 현실적으로 조정하는 것이 좋다. 너무 크고 장황한 목표보다 당장에 할 수 있는 목표를 잡아보는 보자.

목표가 서울대학교 체육교육과라면 이 슬럼프 동안에는 연, 고대 또는 성대, 한양대 정도로 생각하고 준비하면 슬럼프 완화에 도움이 된다. 학습 목표도 당장에 현실 가능한 등급을 목표로 잡아보자. 수학 1등급 달성보다 탐구 3등급을 목표로 잡아보자. 이렇게 당장 현실 가능한 목표를 차근히 달성해 나가다 보면 어느새 슬럼프를 극복한 내 모습을 발견할 수 있다.

학업 슬럼프는 실기로 대응하라

체대 입시생은 학업에 대한 슬럼프를 실기로 극복할 수 있다. 체대 입시학원은 보통 매월 실기테스트를 본다. 이 실기테스트를 확실한 동기부여로 만든다면 학업의 슬럼프를 자연스럽게 극복할 수 있다.

사설 모의고사와 교육청 모의고사를 포함하면, 매월 모의고사를 보게 되는데, 이 모의고사로 인해서 학업 슬럼프가 왔다면, 반대로 실기테스트를 하나의 기회로 만드는 것이다. 잘 오르지 않는 모의고사 등급에 연연하지 말고, 눈에 띄게 올라가는 실기기록에 성취감을 느껴보는 것이다. '나도 노력하면 할 수 있구나?'의 마음을 실기를 통해서 고취할 수 있다면 자연스럽게 학습동기부여도 따라올 수 있다.

이 상황은 반대로 적용해 볼 수도 있다. 정체된 실기 기록 때문에 슬럼프가 왔다면, 오히려 학업을 이용하는 것도 좋은 전환이 된다. 즉, 고민거리를 마음에 두지 말고 조금 거리를 두면서 반대로 잘 할 수 있는 것에 집중하면 슬럼프를 극복하는 이치다. 사실 슬럼프는 약간의 마음 먹기에 따라서 충분히 극복할 수 있다.

하고 싶은 거 다 해보자

만약 학업과 실기가 둘 다 슬럼프인 것 같다면, 잠시 다 잊고 일주일 정도의 휴식을 선물로 주자. 휴식 기간이 너무 길어서도 안 되겠지만, 정신적으로 육체적으로 휴식을 취하다 보면, '아, 이제는 해야겠다.'라는 마음이 들면서 동기부여가 상승할 것이다. 핸드폰을 하면서 휴식할 수도 있다. 하지만 평소에 잘 못 해본 것을 경험하는 것을 추천한다.

평소 해보고 싶은 것들을 메모한 것이 있으면 그것을 실행해보자. 예를 들어 못 본 영화를 보거나, 찜해 놓은 책을 읽어보는 것이 좋다. 가보고 싶었던 미술관이나 도서관, 박물관 등에 방문해서 마음 전환을 해보는 것도 추천한다. 나의 경우는 마음이 답답하고 어려울 때 국립중앙박물관에 종종 방문했었다. 조용히 옛 역사를 바라보면서 마음을 정리하면 어느새 스트레스도 풀리고 새로운 아이디어도 얻는 효과가 있었다.

이때 유의할 점은 부모님이 아이에게 눈치를 주어서는 절대 안 된다. 아이가 어떠한 행동을 하더라도 말이다. 심지어 방문을 잠그고 하루종일 게임만 하더라도 그렇다. 아이가 슬럼프가 온 것을 인지하여 부모님에게 휴식이 필요하다고 상의할 수도 있다. 이때 진정으로 고민을 들어주고 물질적, 시간적으로 아낌없이 지원해야 한다. 용돈도 평소보다 넉넉히주시라. 그리고 마음 편하게 혼자만의 시간과 공간을 확보해줘야 한다. 이렇게 확실한 휴식을 취하면 어느 순간 슬럼프 극복의 시간이 짧아질 수 있다.

체대 입시는 정말 어려운 입시전형이다. 학업 슬럼프도 극복하기 어려운데, 실기 슬럼프도 찾아오다니 미칠 지경이다. 하지만 합격을 위해서 한탄만 할 수 없다. 이러한 다양한 상황에서 슬기롭게 대처해야만 한다. 뒤로 도망치는 것은 가장 바보 같은 짓이다. 뭐든 적극적으로 대응하고 해결책을 찾아 나가는 것이 슬럼프를 극복하는 기본요건이다. 이렇게 학업과 실기 준비를 즐겁게 해 나가고 있다면 어쩌면 슬럼프는 자신도 모르게 왔다가 조용히 갈지도 모른다.

"저는 슬럼프 같은 거 온 적 없는데요?" 이렇게 말이다.

'실기'가
체대 입시의 전부?

실기 없이 대학 갈 수 있나요?

체육대학을 진학하는 데 있어 방법을 떠올리자면 보통 '실기'를 먼저 생각한다. '체대 입시 = 실기 고사'라는 것 때문에 안타깝게도 체대 입시 자체가 부담스러워 아예 시작 못 하는 사례가 수없이 많다. 그런데 체대 입시에 실기만 있는 것이 아니다.

체대에 합격하는 데 있어 꼭 실기 고사 준비가 답은 아니라는 것이다. 수시의 실기우수자전형이나 정시의 실기전형이 물론 주를 이루지만, 다양한 비(非)실기전형도 많다. 그리고 이 비실기전형을 잘 이용하면 생각보다 합격의 키포인트가 될 수 있다. 나는 매년 실기 없이 대학에 갈 수 있는 방법에 관한 질문을 많이 받는다. 그만큼 실기 때문에 고민인 학생들이 정말 많다.

제목

수시때 면접 없이 실기전형 있는 인서울 대학교 [2]

내신 3초반, 실기없이 학종으로 갈 수 있는 학교는 어디일까요? 😭 [5]

일반편입중에 실기없이 보는대학좀알려주세요 [5]

가,나,다군 상관없이 실기없는 수능우수자전형 질문이요!! [7]

한체대 나군 실기없이 갈수 있나요?

실기없이 체대 준비하시는 분들 계시나요?

실기없이 체대 준비하시는 분들 계시나요? [5] 답글 1 ▾

가나다군 실기없이 갈수있는 학교 좀 알려주세요. [2]

한체대 나군 실기없이 갈수 있나요? 답글 1 ▾

가나다군 실기없이 갈수있는 학교 좀 알려주세요. 답글 1 ▾

숭실대 생활체육학과 가군 실기없이 수능100%인가요?

숭실대 생활체육학과 가군 실기없이 수능100%인가요? [2] 답글 1 ▾

실기없이 체대가는것에 대해서. [2]

이 상들로 수시 실기없이 특기자로 가능할까요?

　

　위 그림은 내가 운영하는 '체대입시클리닉' 카페의 '실기 없이'라
는 검색어를 검색한 결과다. 이러한 질문을 하는 학생들은 보통 실
기 준비를 하고 있는데, 잘 될 수 있을지에 대한 불안함을 해소하
기 위해 질문을 하는 경우가 많다. 문제는 이러한 학생들은 막연하

게 질문하는 경우가 대부분이다. 어차피 합격하면 실기로 들어온 학생, 비실기로 들어온 학생으로 나누지 않는다. 같은 학번끼리 동기들이 어떠한 전형 방법으로 대학에 합격했는지 확인하지 않는다. 전혀 문제 될 것도 없고 걱정할 필요도 없다. 그런데 실상 확인해보면 비실기전형으로 합격한 학생들이 다수 있다. 이렇게 들어온 학생들이 과연 어떠한 방법으로 합격했을까? 대표적인 비실기전형으로는 수시/정시전형에서 다음과 같은 전형 방법이 있다.

- 학생부종합전형(수시/정시)
- 교과우수자전형(수시/정시)
- 면접전형(수시)
- 논술전형(수시)
- 수능전형(정시)

학생부종합전형은 서류평가를 반영하는 전형이다. 서류에는 대표적으로 학교생활기록부, 자기소개서, 교사 추천서 등이 있다. 대표적으로 수시전형에는 서울대(지역 균형), 인하대, 중앙대, 한양대, 이화여대, 서울시립대 등이 있다. 정시전형은 유일하게 중앙대학교 체육교육과에서 서류평가를 반영하고 있다. 교과우수자전형은 말 그대로 학교생활기록부의 교과 영역이 우수한 학생을 선발한다. 즉 내신 등급 위주로 평가하는 전형이다. 영남대 특체, 상지대, 청주대, 경남대, 대구대 등이 있다.

유의 사항은 한국체육대학교같이 교과우수자전형이라는 세부 전형 명칭으로 모집하지만 알고 보면 실기를 평가하는 곳이 있으므로 전형 명칭보다는 실제 전형 방법으로 확인하는 것이 좋다. 면접전형은 교과 + 면접으로 선발하는 전형이다. 서류 없이 면접 위주로 평가한다. 대표적으로 동신대, 남부대, 호남대, 경일대, 호원대 등이 선발한다. 면접은 사실상 'Pass/Fail'로 교과 전형에 가까운 것이 특징이다.

논술전형은 많은 대학에서 선발하지는 않지만, 하나의 좋은 방향은 될 수 있다. 한국외대, 고려대(세종), 경희대, 가천대 네 곳에서 논술전형을 시행하고 있다. 마지막 수능 전형은 수능 100%로 선발하는 정시전형이다. 경희대, 계명대, 대구한의대, 서울과학기술대, 충남대 등에서 선발하고 있다.

비실기전형을 기회로

비실기전형은 주 전략보다 보조전략으로 생각하고 대비하는 것이 좋다. 플랜A인 실기전형을 열심히 관리하면서 어떻게 하면 비실기전형을 플랜B로 만들어 낼 수 있을까? 그 방법에 대해서 알아보자.

내신/수능 관리

내신 관리는 학교생활의 기본이다. 무작정 내신 관리 포기는 절대 금물이다. 모든 과목을 잘 챙겨가면 좋겠지만, 국어, 영어, 사회 계열 과목만큼은 내신 기간에 잘 관리하는 것을 권한다. 특히 학생부종합전형을 생각하고 있다면 적정 내신 관리는 필수다. 특히 2024학년도부터 자소서가 폐지되므로 내신 관리의 중요성은 더 올라가고 있다.

수시가 내신이라면 정시는 수능이다. 수능은 실기전형에서도 상당히 중요한 전형 요소다. 실기가 정말 부담스럽거나 부상 등으로 인해 원활한 실기 준비가 어려우면 수능 전형을 지원하면 된다. 간혹 전략적으로 수학이 부담스러운 경우 수학 포기자들이 나오는데 이때 오히려 수학이 좋은 기회가 될 수 있으니 참고하라. 정 안 되겠다면 탐구 영역부터 관리하라.

말하기 연습

학생부종합전형이나 면접전형에서 최종 합격은 면접으로 가른다. 이 면접을 입시가 임박한 시점에서 준비하는 것은 무리가 있다. 평소 내 생각에 대해서 남들에게 이야기를 들려주듯 자연스럽게 말하는 연습을 해야 한다. 대화체로 말이다. 다소 낮은 등급으로 학생부종합전형에 합격하는 사례 대부분이 바로 면접에서 좋은 결과를 얻었던 사례다. 가장 좋은 연습 방법에는 거울을 보고 말하기가 있다. 내가 면접 컨설팅을 할 때 핵심적으로 소개하는 방

법의 하나다. 거울을 보고 오늘 있었던 이야기를 자신에게 들려주
듯이 10분 정도라도 말하는 연습을 하라. 어떠한 면접장에 가서도
술술 이야기하는 여러분으로 만들어 줄 것이다.

활발한 비교과 활동

비교과 영역에는 독서 활동, 봉사 활동, 자율 활동, 동아리 활동,
진로 활동 등 다양하게 있다. 비교과 활동 자체를 활발하게 한다
는 것은 학교생활 자체를 풍부하게 최선을 다하고 있다는 증거다.
그래서 학생부종합전형에서도 내신이 다소 낮더라도 좋은 기회가
될 수 있다. 다만 이 비교과활동을 입시를 염두에 두고 활동하면
오히려 역효과가 날 수 있다. '난 체육 선생님이 될 거니까 체육활
동만 해야지.' 이런 건 금물이다. 다양한 활동을 통해 학생 역량의
스펙트럼을 넓히고 세분화한다면 좋다. 그렇다면 학교생활기록부
의 '행동 특성 및 종합의견'에 다양한 경험 예시를 넣어서 좋은 내
용을 만들 수 있다.

기본적인 입시 정보 확인

결국 전형에 대해 알고 있어야 지원 기회를 얻을 수 있다. 그러
니 평소 입시요강을 직접 확인해봐야 한다. 매년 4월에는 다음 연
도의 전형계획이 발표되고, 5월에는 해당 연도 수시 요강, 9월에는
해당 연도 정시요강이 발표된다. 특히, 전형계획은 미리 확인하면
유리하다. 입시전형의 변경사항이나 새롭게 신설된 전형에 대해

서 남들보다 1년 이상 빠르게 파악할 수 있기 때문이다.

지금 실기 없이 체대에 합격하는 방법에 관해 설명했지만, 실기 준비에 따른 정시전형 대비가 우선 되어야 한다. 언제까지나 비실기전형은 앞서 강조했듯이 플랜B에 불과하다. 하지만 때로는 그 플랜B가 A보다 더 강력한 힘을 발휘할 때도 있다. 5등급대 학생부종합전형 이화여대 체육과학과 합격, 3등급대 학생부종합전형 한양대 체육학과의 합격 등이 그것을 증명한다. 그 힘을 지닐 수 있도록 매사에 소홀함 없이 최선을 다하길 바란다.

남들과 비교하지 말고 뚝심 있게

내가 나를 믿어야 한다

수능 1등급 학생, 실기 올만점 학생, 서울대 체육교육과 합격생, 이화여자대학교 수석합격생 등 체대 입시를 통틀어 이렇게 입시에서 달콤하고 짜릿한 결과를 내는 학생들의 공통점은 무엇일까? 여러 가지가 있겠지만 한 가지 확실한 것은 그들만의 어떠한 특별한 방법이 있다는 것보다 주변 유혹에 흔들리지 않고 '뚝심' 있게 자신의 방향대로 나아갔다는 것이다. 만약 이 학생들이 자신만의 방향 없이 주위에서 하는 대로 따라갔다면 결과는 분명히 달랐을 것이다.

전국에 매년 체대 정시전형을 준비하는 학생들은 평균적으로 약 2만 명, 수시 지원자와 전문대 지원자까지 모두 합산해보면 약 3만 명 정도 집계된다. 이렇게 많은 사람이 체대 입시를 시작하는

데, 실제로 매년 체육 관련학과 모집인원은 수시와 정시를 통합해도 약 7,000여 명에 불과하다. 불합격 또는 입시 중도 포기자 등의 인원은 객관적인 계산으로도 무려 2만 명이 넘는다. 그러한 학생들은 과연 합격한 학생들보다 실력이 부족했거나 집에서 금전적으로 지원을 안 해줘서 또는 시간이 부족해서가 아니다. 합격한 학생들과 비교해 자신에 대한 믿음이 부족했기 때문이다.

유혹을 경계하라

일반적으로 정시전형은 총 세 번을 지원할 수 있고 수시전형은 총 여섯 번까지 지원이 가능하다. 그렇기에 보통 수시전형을 더 중요하게 생각하고 접근하는 경우가 많다. 하지만 실상은 그렇지 않다. 나는 대학을 진학하고자 하는데 체대 입시에서 수시전형은 중요한 전략이기보다는 독이라고 생각하는 부분이 크다. 수시전형을 선택하는 학생들이 대부분 자기가 전략적으로 접근해서 지원했다기보다는 주변에서 수시지원을 해야 하는 분위기로 부추기기 때문에 어쩔 수 없이 지원한 학생들이 상당수 많다. 특히 여섯 장의 수시지원 카드를 버리기에는 너무 아깝다고 생각하는 학부모도 수시지원에 큰 역할(?)을 차지한다. 문제는 여기서 발생한다.

전략 없는 수시지원을 어쩔 수 없이 남들이 다 지원하기 때문에 당연히 불합격으로 이어진다. 9~10월의 수시전형이 지나가고 나면 9~11월의 중요한 정시전형의 시기를 제대로 활용하지 못해 입시에서 더 중요하게 생각한 정시 세 장의 카드도 같이 버리게 된다. 즉, 정시 모집까지 불합격으로 이어지게 되는 것이다.

재수생이었던 P 학생은 인 서울권 체육교육과를 목표로 열심히 수능과 실기를 준비했던 학생이었다. 정시합격을 위해서 수능 대비를 철저하게 하고 있었고 3월 및 사설 모의고사의 정체된 등급으로 인해 불안한 마음의 연속이었다. '재수까지 했는데 실패하면 어쩌지?'라는 생각이 계속 마음속에 맴돌았다. 그러던 6월 모의고사가 종료되었다. 예체능 계열 학생이 아닌 주변 인문, 자연계 친구들은 6월 모의고사 종료 후 수시지원을 준비하거나 지원을 고민 중이었다. 이러한 상황 속에 우려했던 일이 발생했다. P 학생의 6월 정기컨설팅 때 첫 고민 상담은 이랬다.

"민중쌤, 저···. 수시 지원해봐도 될까요?"

그날 P 학생은 잊지 못할 순간이 될 정도로 나에게 혼쭐이 났다. 초기 상담에서 수시지원보다는 정시전형을 목표로 준비하기로 전략이 설정되어 있었기 때문이다. 만약 수시모집에서 합격할 수 있었다면 고3 때 지원해 합격했을 것이고, 재수하게 되지도 않았을 것이다. 이미 초기 상담 때 P 학생의 생활기록부 분석 결과 수시지원은 불가하다는 평가를 받은 상태였다. 정시지원을 목표로 방향을 잡았지만, 주변의 수시지원이 확고한 정시 전략 수행에 흔들림을 주었다. 추가로 나중에 안 사실은 고3 때 다녔던 체대 입시학원 강사가 연락이 와서 수시지원을 종용했고 P 학생은 그 달콤한(?)

제안에 넘어간 것이다. 그래야 수시지원을 핑계로 나가서 놀 수 있으므로…….

훗날 P는 몰래 서울 소재의 어느 대학 체육교육과를 지원하고 시험을 치렀으나 불합격, 정시 때도 원하는 대학에 합격할 수가 없었다. 이 사례는 재수생의 사례지만, 고3 학생들 사이에서 더 빈번하게 발생하는 사례이며, 어쩌면 이 책을 읽고 있는 학생이나 학부모 중에서도 뜨끔 하시는 분들이 분명 있으리라 생각한다.

실기도 뚝심이다

입학 전형뿐만 아니라 체대 입시학원이나 학교에서 체육대학 실기 고사 대비를 할 때도 위와 같은 사례가 빈번히 일어난다. 특히 실기를 준비할 때는 단순히 전략 설정의 문제 발생 정도의 수준이 아니라 체대 입시를 아예 포기할 정도로 더 뚝심 있는 입시 준비가 필요하다.

이화여자대학교 체육과학부는 입시 특성상, 수능 반영비율이 높은 편이고 합격자를 분석해보면 실기의 변별력도 높다. 그래서 수능점수가 높다면 생각보다 실기 능력이 약하더라도 소신 지원이 가능하나 반대로 실기를 아주 완벽히 잘한다면 수능점수가 지원자 평균보다 낮아도 합격을 노려볼 수가 있는 독특한 전형의 대학이다. 그런 이화여자대학교 체육학과부를 목표로 하는 Q 학생과 R

학생이 있었다. 두 학생 모두 실기 준비를 1년 이상 꾸준하게 대비한 학생이었다. 누구보다 성실했고 특히 실기에서도 준수한 성적으로 나와 함께 짠 전략으로 꾸준히 이어나간다면 합격이 예상되는 학생들이었다. 거기에 두 학생은 서로 격려하고 공부도 하며 이화여대의 합격을 향해 우정을 쌓아가는 친구 사이였다. Q 학생은 누구보다 실기에 대한 프라이드가 강해 사실, 걱정이 없는 학생이었다.

문제는 R 학생이었다. R 학생은 월말 실기테스트만 보고 나면 친구인 Q 학생의 높은 실기 능력을 보고 자존감이 하락해 불안한 마음에 상담을 신청하곤 했다. 상담내용은 주로 "선생님, 제가 Q처럼 실기를 못 하는데 이대를 갈 수 있을까요?"였다. 그때마다, 나는 긍정적으로 잘하고 있다고 먼저 진심으로 격려를 해주었다. 그리고 이화여대 입시의 특성을 잘 설명하면서 너의 현재 실기 능력으로도 합격할 수 있는 상황이니 더 잘하는 것보다 지금 실력을 유지해 실기장에 가서 실력을 발휘하는 것에 집중하자고 조언했다. 사실, 이 상담은 내가 비공개 정보가 많은 이화여대의 입시 특성을 정확히 분석했기 때문에 가능한 부분도 있다. 하지만 상담의 목표는 무엇보다 아이가 스스로 할 수 있다는 뚝심을 갖게 하는 것이었다. 상담은 R 학생의 할 수 있다는 표정으로 마무리되었고, 그 결과 Q 학생과 함께 이화여자대학교 체육과학부에 최초 합격했다.

전략을 밀고 나가는 믿음

멋지게 이화여자대학교 체육과학부에 합격한 두 여학생의 사례를 포함하여, 자신의 목표대학 합격을 성공적으로 마무리하는 학생들은 누구보다도 노력했기 때문에 합격할 수 있었다. 하지만 같은 노력을 했다고 해서 모두 합격으로 이어지는 것은 아니다. 꾸준한 노력 뒤에는 자신에 대한 한결같은 믿음이 있었다.

합격은 어려운 것이 아니다. 그렇다고 해서 합격이 절대 쉬운 것은 아니다. 냉철한 입시 전략과 그 입시 전략을 수행해가는 '뚝심', 그리고 학생과 학부모의 '간절함'이 더했을 때, 우리가 바라는 목표대학이 아주 가까운 곳에 여러분들을 향해 계속해서 손짓하고 있음을 발견할 것이다. 그 희망의 손짓을 가능한 한 더 빨리 발견할 수 있기를 바란다.

좋은 체대 입시학원 선택이 합격의 90%

체대 입시학원의 등장 배경

학생들이 체육 관련 학과의 실기 고사를 준비하기 위해 가장 고효율인 곳은 어디일까? 바로 체대 입시학원이다. 학교라고 생각하셨을 수 있지만 안타깝게도 그렇지 않다. 학교는 아이들에게 가장 친숙하고, 접근성이 좋아 학교만의 장점이 있지만, 일반적인 고교 교과과정은 대학수학능력시험 준비로 인하여 주요 과목 중심으로 편성된다. 또한, 학교의 체대 입시 관심도가 낮고 체육 교사 인원 부족, 체육 실기훈련을 위한 센서 장비 등의 기자재가 없거나 미비하여 효과적인 실기 준비가 어렵다.

최근에는 고등학교 초청 강연을 가보면 체대 입시학원 수준의 인프라를 갖춘 학교 체육 시스템도 확인할 수 있으나, 아직은 체대 입시학원과 비교했을 때, 입시 준비 경쟁력에서 떨어지는 것이 사실이다. 그러다 보니 학생들이 실기훈련 기관을 찾게 된다. 정확한 입시 정보와 실기훈련을 위한 센서 장비 및 인프라 그 외에 다양한 경쟁력을 갖출 수 있도록 준비된 체대 입시학원이 등장하게 된 배경이다. 그리고 그 학원 중에서 어떤 학원을 선택하느냐에 따라서 합격이 달라지는 만큼 학원 선택은 매우 중요해졌다.

학원이라고 다 같은 학원이 아니다

현재 전국 4년제 대학 체육 관련 학과 수는 212개다(2022 체대 입시클리닉 컨설팅프로그램 대학분석 리스트 기준). 예전과 비교할 때, 체육 관련 학과 수는 큰 폭으로 늘어났고 이에 따라 체육대학 모집정원도 자연스레 정시전형 기준 2,300명에서 2,600명으로 증가했다. 이러한 대학 기조에 맞춰 이 수요를 따라가기 위해 체대 입시학원도 다수 생겼다.

체대 입시학원도 학원 경쟁에서 살아남기 위해 나름대로 대형화, 단일화 등의 경영적인 측면에서 변화를 해왔다. 프랜차이즈 학원이라도 동일 시스템으로 운영되지 않는다. 개별 운영하는 교육원 원장님의 성향에 따라서 학원의 운영 방향은 천차만별이다. 체대 입시학원 수의 증가는 교육 서비스를 선택하는 소비자의 관점에서 보면 선택의 폭이 넓어져서 자칫 좋아 보일 수 있다.

하지만 어디까지나 자신에게 맞는 올바른 학원 선택을 했을 때

이러한 인프라 확대가 좋게 활용되는 것인데, 문제는 학원을 친구 따라 막연하게 선택하는 것이 부지기수다. 그렇다면 좋은 학원은 어떻게 선택해야 할까? 먼저 체대 입시학원을 선택하는 기준부터 살펴보자. 체대 입시학원의 선택 기준을 나는 다음과 같이 총 네 가지로 분류한다. 이 외에도 사실 선후배 관계, 학원 주변의 교육환경 등의 기준도 있으나 가장 연관성 높은 기준으로 최종 선정했다.

입시 컨설팅(진학 상담)

가장 중요한 기준이다. 입시 컨설팅의 방향에 따라서 학생의 대학입시 준비 방향이 설정되므로 어떠한 기조를 가지고 컨설팅하는지가 상당히 중요하다. 친절하고 밝은 응대는 당연히 기본이다. 그리고 정보의 전문성과 목표대학의 정보 정확성 여부를 판단해야 한다. 그렇기에 무조건 전화 문의가 아닌 방문을 통해서 확인해야 한다. 이 외에 초기 상담에 학습동기부여를 제공할 수 있는지도 확인해야 한다. 막연하게 실기만을 강조하는 학원은 피해야 한다. 학습동기부여를 제대로 제공할 수 있는 곳인지를 판단해야 한다. 아이가 학원 상담 후 실기에만 매진해서 학습을 소홀히 하는 경향을 보이면 안 되기 때문이다.

특히 같은 이름을 쓰는 프랜차이즈 학원은 유의해야 한다. 프랜차이즈 학원은 대형화로 인한 정보의 다양성을 중점으로 홍보하는 경향이 크다. 하지만 다양한 정보도 없을뿐더러, 제대로 된 정보조차 정리되어 있지 않은 경우가 허다하다. 그리하여 무조건 방문 상담을 통해서 학원등록 여부를 결정해야 한다고 강조하는 것이다. 이 방문 상담만 제대로 서비스받아도 사실 학원 선택의 가장 중요한 사항은 다 파악했다고 해도 과언이 아니다.

지도자(원장님)의 능력

지도자의 최종 학력은 중요하지 않다. 그리고 출신 대학도 그리 큰 비중을 둘 필요는 없다. 하지만 경력은 어느 정도 비중 있게 참고하면 좋다. 아무래도 5년 이하의 경력은 10년 이상의 경력자보다 경험 부족으로 인한 판단 미스할 확률이 높다. 나 또한 마찬가지였다. 예전의 1, 2년 차였던 나를 생각해본다면 지금의 컨설팅보다 상담기법과 정보, 분석 능력 등의 경쟁력은 떨어질 수밖에 없다. 그래서 5년, 10년 이상의 원장급 강사 선생님이 얼마나 포진되어 있는지 광고와 같은지 여부를 확인해야 한다. 또한, 목표대학 진학 지도 경험도 확인하면 좋다. 특정 대학 실기 지도를 직접 할 수 있는지, 아니면 강사를 통해서 가르치는 여부 등을 상담할 시 확인하라.

운동프로그램

의외로 학원 선택 시, 꼼꼼하게 확인할 수 없는 부분이 바로 운동커리큘럼(프로그램)이다. 체험 수업을 받더라도 1개월 이상 받을 수 없으므로 프로그램을 다 파악하는 것은 무리가 있다. 운동프로그램에 관한 질문은 다음의 기준으로 하면 좋을 것이다.

- 기능 수업의 여부
- 강사 선생님 1인당 수업 인원(강사 수 대비 총인원 파악)
- 보강 수업 진행 가능 여부(시즌 기간)

기능 수업은 높이뛰기, 핸드스프링(체조), 농구 등 기초 종목 외의 실기 종목의 클래스를 말한다. 생각보다 제자리멀리뛰기, 유연성, 윗몸일으키기 등 기본 기초 종목 수업은 개설되어 있어도 기능 수업은 제대로 이루어지지 않는 경우가 대부분이다. 수업환경의 문제도 있지만, 원장선생님 또는 메인 실기 강사의 강습 능력 때문에 제대로 이루어지지 않는 경우가 많다. 혹시 기능 수업 비중이 작거나 수능 후에 진행하겠다고 한다면 등록을 고민해야 한다. 남학생의 경우 건국대학교 체육교육과, 여학생의 경우 숙명여자대학교 체육교육과를 목표대학으로 정했다면 주 1회, 최소 6개월 이상 꾸준하게 기능실기를 대비해야 한다. 실제 실기수업을 원장님급 이상이 진행하는지, 대학생 아르바이트 강사가 진행하는지도 체크해야 한다. 그리고 등록 인원도 체크해야 한다. 학원에 등록된 총인원이 적다고 해서 관리를 잘하고, 많다고 해서 잘 못 하는 것이 아니다. 강사 수 대비 수업 인원을 체크해야 한다. 강사 1명 대비 인원은 7명 내외가 효율적이다.

수업에 대한 부분 중에 꼭 확인해야 할 것은 보강 수업이 가능한지 파악해야 한다. 특히 시즌 기간에는 합격이 달린 아주 중요한 시기인데, 생각보다 실기 능력이 낮은 학생들의 보강 수업이 제대로 이루어지지 않는다. 보강 수업에 대해서는 보통 헌신적으로 아이들을 교육하는 학원에서는 기본적으로 포함되어 있다. 수능 후 시즌 기간에는 이러한 보강 수업의 여부도 꼭 확인해보길 바란다.

교육 시설 및 기자재, 접근성, 교육비

기자재의 경우는 웬만해서 실기측정을 위한 센서 장비는 요즘 다 갖추고 있어서 꼭 필수적으로 확인할 필요는 없다. 다만 학원 규모가 크면 좋을 수 있지만, 등록의 우선순위로 정하지는 않아도 된다. 규모가 중요했다면 시설관리공단같이 규모가 큰 체육관을 사용하는 학원이 가장 대학을 잘 보내야 하는데, 그렇지 않다. 모든 조건이 같다면 시설을 그다음 등록의 기준으로 정해도 좋다.

또한 집이 가깝다는 이유만으로 덜컥 학원을 등록해서는 안 된다. 요즘은 교통이 너무 잘 발달해서 원하는 학원이 집에 없더라도 상관이 없다. 최근에는 입시 컨설팅만을 위해서 부산, 제주, 대구, 광주에서도 서울까지 많이 찾아오는 것을 보면 거리는 학원 선택에 있어 그리 큰 비중을 두지 않는다. 다만 기왕에 괜찮은 학원이 집 근처 있다면 이동시간 등의 효율을 위해 선택하는 편은 긍정적으로 본다. 마지막으로 교육비는 민감할 수 있다. 가성비가 좋으면 좋겠지만 너무 교육비가 높게 책정된 것이 아니라면 교육비는 학원 선택의 기준에서 빼도 좋다. 일반적으로 교육비는 고3 기준 주2~3회 수업에 월 40만 원 내외로 책정되어 있다. 수능 후 시즌 기간(수능 후~실기 고사)인 대략 2개월간은 300~400만 원 정도이

체대 입시학원 교육비		
	고3	고1, 2 이하
평달(수능 전)	매월 35~45만 원	매월 20~25만 원
시즌(수능 후)	대략 2개월 300~400만 원	–

* 주2~3회 수업 기준. 운동 시간 3시간 내외(기숙학원 같은 특수한 곳 제외)

니 참고하라.

무조건 저렴하거나 비싸다고 해서 꼭 합격률과 연결되지 않는다. 부모님들은 우리 아이에게 얼마나 신경을 잘 관리해 줄 수 있는지에 대해서 생각하면 될 것이다.

다시 말해 입시 컨설팅 능력과 상담자와의 교감을 최우선으로 하고 우리 아이에게 실질적인 피드백을 줄 수 있는 곳을 최우선으로 두면 좋다. 그리고 세부적인 교육 커리큘럼과 시설, 접근성 등을 체크하면 그리 어렵지 않을 것이다. 보통 학원 결정을 아이가 하는 경우가 많다. 부모님들께서 불합격 후 가장 후회 많이 하는 것이 아이에게 학원 결정권을 준 부분이다. 바쁘고 어렵더라도 꼭 아이가 알아본 학원에 같이 방문해야 한다. 그리고 부모님들도 적극적으로 학원을 알아보시는 것을 권장한다. 그렇게 알아본 학원들을 전화 상담이 아닌 방문 상담 후 등록 여부를 결정해야 한다. 학원 선택이라는 것은 번거롭고 어려운 절차이지만 그 한 번의 결정이 자녀의 목표대학 합격으로 인도해줄 것이다.

4장

체대 입시의 신과 함께한 합격 스토리

110대 1의 경쟁률 나는 이렇게 뚫었다
(한양대)

같은 대학을 준비하는 친구들이 너무 많아요

경기도 용인 쪽에 거주하는 학생 A는 고2부터 열심히 체대 입시학원에서 실기를 준비한 학생이었다. 성실한 실기훈련으로 수시 실기우수자전형의 어떤 대학에 지원해도 좋을 만큼 어느 정도 실기 능력을 준수하게 만들었다. 이 학생이 가장 가고 싶은 수시전형의 대학은 한양대학교 스포츠과학부였다.

하지만 A에게는 남다른 고민이 하나 있었다. 그 고민은 고3이 되어 입시를 본격적으로 준비하는 시점에서 더욱더 커져 있었다. 바로 A가 다니는 체대 입시학원과 학교 체육반에서 같은 대학을 목표로 하는 학생들이 너무 많다는 것이었다.

모집인원은 19명밖에 안 되는데, 이미 주변에서 정원 이상으로 너무 많은 사람이 준비하고 있어서였다. 엎친 데 덮친 격으로 학원에서의 상담도 준비하는 학생들이 너무 많다며, 조금은 부정적인 결과로 상담을 받은 것이다. 그렇게 고민만 하다가 안 되겠다고 판단한 A는 고3 여름방학 종료될 시점에 나를 찾아오게 되었다.

변하는 입시 트렌드를 분석하는 힘

한양대학교 스포츠과학부같이 실기 1감, 2감에 차이에 따라서 합격이 갈리는 대학은 단순하지만, 입시 분석에 상당히 신중을 기해야 하는 대학이다. 특히 해당연도는 코로나19로 인해서 전체적으로 실기 고사를 축소 또는 특정 종목을 한시적 폐지를 하는 상황이었다. 이 상황을 한양대학교 스포츠과학부도 피해갈 수 없었다. 그 결과, 합격을 가르는 실기의 꽃인 '25m 왕복달리기' 종목이 한시적 폐지되었다. 이러한 상황에서 수시경쟁률 폭발은 예상되는 상황이었다.

처음 만난 A는 어느 정도 자신감은 있어 보였으나, 불확실한 입시로 불안감을 전부 감출 수는 없었다. "어떤 대학을 가고 싶니?"라는 질문에 상당히 뜸 들이면서 대답했던 기억이 난다. "한.. 한양대 스과요…."

개인적으로는 "덩치도 큰 놈이 왜 이리 목소리가 작아?"하면서 등짝 스매싱을 날려주고 싶었지만, 따뜻한 미소로 그 아이가 불안해하는 점을 풀어주기 위해서 하나하나 설명하기 시작했다.

먼저, 경쟁률과 입시 합격컷의 상관관계에 관해서 설명해 주었다. A가 지원하던 해를 기준으로 지난해 한양대학교 스포츠과학부의 실기 합격컷은 -11감이었다. 그리고 어떠한 수시경쟁률이 나와도 '25m 왕복달리기'의 실기분석을 보여주면서 실제 지원자 평균 -4감 하는 것을 분석된 자료를 기준으로 설명했다. 그리하여 올해는 25m 왕복달리기가 폐지되었어도 나머지 세 종목(제자리멀리뛰기, 메디신볼 던지기, 10m 왕복달리기)에서 최소한 -7감 안에만 들어가면 충분히 합격할 수 있다고 분석했다. 그리고 종목별 해야 하는 기준을 상담프로그램에 대입하면서 최적의 합격 실기 조건을 뽑았다.

A에게 맞는 실기 조건이 나오자, 흐뭇한 미소를 지어 보였다. 해볼 만하다고 판단한 것이다. 이런 마음을 먹었다면 이미 합격은 90%에 가깝게 된다. 만약 내가 경쟁률과의 상관관계를 설명하지 않고 단순히 실기의 상황만으로 합격컷을 예상했다면 A는 더 혼란스러웠을 것이다. 이렇게 -7감 안에 들어갈 수 있는 조건으로 분석하고 1차 상담을 종료했다.

역대 최고 수시경쟁률을 기록하다

실기 고사 축소로 인해서 이미 경쟁률 상승은 뻔한 상황이었다. 하지만 뚜껑을 열어 본 결과 최근 3년간 90 대 1 정도 유지했던 경쟁률이 최종 '110.26 대 1'을 기록했다. 한양대 역대 최고의 경쟁률이자, 체대 수시전형 역사상 가장 높은 경쟁률을 기록했다. 이렇게 경쟁률이 높아졌지만, 학생 A는 동요되지 않았다. 경쟁률이 높아져도 예상된 컷에는 변화가 없을 것이라는 확고한 믿음이 있었기 때문이었다. 실제로 합격권의 학생들이 불합격할 것을 생각하여 다른 대학으로 지원을 돌렸었다. 그리고 컨설팅했었던 학생들도 올라가는 중간 경쟁률을 보고 막판에 전향했다고 한다.

이런 높은 경쟁률에도 평정심을 잃지 않았던 A는 자신의 실력을 어김없이 발휘했고 최초합격할 수 있었다. 그리고 실기 all만점을 받았던 한 학생이 수능 최저학력 기준을 통과하지 못해서 불합격했다. 그래서 내가 예상한 컷보다 1감 정도 내려갔다는 후문이 있다.

물론 경쟁률과 합격컷의 상관관계를 이 책에서 다 글로 설명할수는 없다. 하지만 한 가지 확실한 것은 내 목표대학이 경쟁률이 높아질 것 같다고 피하는 것은 경쟁자들에게 좋은 일만 하는 것이다. 오히려 내 목표대학을 어떠한 상황이라도 끝까지 밀고 나가는 것이 가장 최선의, 가장 좋은 입시 전략이다. 경쟁률은 정말 숫자에 불과하다. 입시는 뚝심이다.

국영수탐탐 78899에서 42213등급으로
(숙명여대)

수능평균등급 8.2등급

새 학기가 시작되기 전달인 2월은 새로운 시작을 위해서 컨설팅을 요청하는 학부모가 많다. B 학생의 학부모 역시 상황이 다르지 않았다. 특히, 지금까지는 공부의 '공'자도 모르는 B가 이제 와서 공부한다고 하니 걱정부터 앞섰다고 한다. 그렇게 막막한 마음으로 컨설팅 자리에서 학생 B를 만나게 되었다.

B 학생의 성적은 내가 만난 학생 중에서 가장 점수가 낮았다. 어머님이 성적을 이야기하시는데 얼굴이 빨개지고 고개를 들 수 없을 정도로 천천히 말씀해주셨던 것이 기억에 남는다. 어느 정도였냐면 고2 마지막에 봤었던 모의고사의 등급이 국어7, 영어8, 수학8, 탐구9/9였다.

사실상 탐구는 시험을 안 봐서 9등급이고 영어 단어는 외워보지도 않았으며 수학은 거의 중학교 수준도 안 되는 상황이었다. 그나마 국어는 우리나라 말이었으니 조금 풀어서 그중 가장 높았던 등급인 7등급이었다. 아마 중학교 올라왔을 때부터 공부와는 담을 쌓았던 학생이었을 것이다.

아이의 잠재력을 확인하다

나는 입시나 학업보다는 B 학생의 이야기를 천천히 들어 보았다. 어떤 것을 좋아하는지, 최근에 어떤 것에 흥미가 있는지부터 시작했다. 처음에 아이는 의외라는 듯한 표정을 지었다. 당연히 "왜 공부를 안 하냐?", "점수가 왜 이것밖에 안 되냐?"의 꾸짖는 듯한 질문을 받을 것으로 생각했던 것 같다. 그런데 예상하지 않은 질문이 나오니 당황한 기색이 보였다.

컨설팅 현장에서는 무엇보다도 학생과 내 사이의 보이지 않는 벽을 허무는 것이 중요하다. 그 벽을 제대로 허물지 않으면 아무리 좋은 컨설팅과 좋은 자료를 보여주고 이끌어가려 해도 아이를 진정으로 이끌어갈 수 없기 때문이다. 설령 대답은 "네." 하면서 잘 따라오는 것 같아도 그 대답에는 진정성이 없고, 상담이 종료되면 상담 전과 똑같이 행동할 확률이 높다.

한 20여 분 아이와 대화를 풀어나가자 아이가 별의별 이야기를 풀어놓기 시작했다. 최근에 자기가 좋아하는 온라인 게임부터, 좋아하는 이성 친구까지 굳이 이야기하지 않아도 되는 것들을 거침 없이 쏟아냈다. 나중에 어머님께서 따로 이야기해 주셔서 알았는 데, 평소 자신에게는 아이가 그러한 이야기를 거의 한 적이 없다고 했다.

다른 사람들 눈에 B는 공부도 안 하고 게임만 하는 단순히 말 안 듣는 고등학교 학생일 수도 있다. 하지만 내 눈에는 아주 지극 히 평범한 고등학생이었다. 한창 아이의 이야기를 듣고 나니 생각 보다 흥미 요소도 많고, 생각보다 적극성도 있었고 무엇보다 중요 한 것은 한가지 몰입하면 제대로 해내는 성격이었다.

학습동기부여를 자극하다

보통 학부모들은 자녀가 게임을 어떻게 하면 못 할지를 먼저 생 각한다. 그러한 방책으로 스마트폰 2G 폰으로 바꾸거나, 아예 데 이터를 못 쓰게 한다. 그런데 이 방안은 절대 좋은 방법이 아니다. 오히려 아이와 학부모 사이에 갈등의 골만 깊어지고 심지어 학부 모가 하는 조언은 다 잔소리로 생각하게 만드는 조건이 형성된다. 나는 B의 이야기를 듣고 질문은 던졌다. "게임을 상당히 좋아하는 것 같은데, 왜 게임이 좋니?" B는 정말 오랜만에 물 만난 듯이 온라 인 게임이 왜 좋은지 풀어냈다. 그 내용을 정리해보면 다음과 같 았다.

- 나를 인정해 준다.
- 보상이 확실하다.
- 현실 가능한 목표가 있다.

확실히 게임은 사람의 심리를 정말 잘 이용한다. 게임은 게임을 하는 플레이어에게 현실 가능한 목표를 정하고 그것을 이뤘을 때 보상을 확실히 해주고 축하해준다. 그러니 학생들이 좋아할 수밖에 없다. 현실에서는 그런 것을 경험해 본 적이 없었으니 말이다. 그래서 상담 시에 현실 가능한 목표, 인정(축하), 보상에 대한 개념을 강조한다. 이 포인트를 학습에 연결하면 생각보다 아이들의 마음을 움직일 수 있다.

공부가 어려운 아이들에게 국어 몇 등급, 수학 몇 등급부터 이야기하면 안 된다. 아이가 할 수 있는 것부터 설계해야 한다. 그래도 보통 아이들이 국·영·수에 비해 탐구 영역은 해볼 만한 과목이라 인지한다. 아마 이 책을 보고 있는 학생들도 고개를 끄덕끄덕할 것이다.

그리고 실제 합격사례를 다양하게 보여주면서 이해시켜야 한다. 한, 두 가지의 사례만 보여주면 안 된다. 한 개 대학 정원의 최소 50%에서 80% 이상의 합격 결과를 보여주면서 탐구의 중요성을 공감시켜야 한다. 그리고 3개월 정도의 짧은 기간 안에 현실적인 탐구 영역의 성적 향상 사례를 보여준다.

여기서 정말 중요한 것은 바닥에 있는 아이의 자존감을 올려주면서 아이에게 나도 공부하면 할 수 있다는 자신감을 심어줘야 한다. 그리고 실제로 올랐을 때, 학부모의 역할은 진심으로 축하해주면서 적절한 보상을 해줘야 한다. 용돈을 올려주거나 평소 아이가 가지고 싶어했던 것을 선물해주거나 말이다. 포인트는 성적 향상이 미비하거나, 학부모가 바라는 성적이 아니더라도 격하게 축하해줘야 한다. 마음을 다한 격려와 축하는 아이를 움직이게 할 수 있다.

결과로 나오다

이렇게 첫 컨설팅 후, 3개월 뒤 6월 모의고사 때 학생 B는 중간점검 상담으로 약간 자신감에 차 재방문하게 되었다. 국어, 수학, 영어는 비중이 높지 않아 5~6등급 정도로 아직은 늦은 등급이었으나 탐구가 무려 3~4등급이 나왔다. 괄목할만한 성장이었다. 자리에서 일어나서 손뼉을 쳐 줄 정도로 고생했다고 축하해주었다. 아이가 머쓱할 만큼 말이다.

이제는 전략을 수정했다. 탐구 영역의 비중을 이제는 조금 낮추고 수학, 영어의 비중을 올렸다. 요즘 입시는 수능의 변화로 다소 전략이 달라지기는 했지만, 당시 입시는 수학 나형 기준으로 원점수 65~70점 정도면 백분위 77% 정도인 3등급까지 나올 수가 있었다. 이때는 성적 향상 그래프를 이해시키는 것이 중요하다.

6월 정도 되면 아이들이 국어에 좀 더 매진할 계획을 세우고 싶지만, 생각보다 수학의 성적 향상이 국어보다 더 빠르게 진행된다. 6월 기점으로 탐구의 비중을 줄이고, 수학 영어의 공부 비중을 올렸다. 그렇게 9월에는 국5 수3 영3 탐구2/2까지 나왔다. 9월에는 국어의 비중을 올리면서 수학 영어 탐구는 골고루 시간을 분배했고 결과적으로 최종 수능에서는 국4 수2 영2 탐1/3 이 되면서 수·영·탐을 활용할 수 있는 숙명여자대학교 체육교육과에 최초합격했다.

누구나 처음은 어렵다. 경험하지 못한 것에 대한 두려움이 앞설 것이다. 그리고 내가 잘 해낼 수 있을까 자신감도 없기에 쉽게 행동할 수 없다. 학생 B의 경우를 소개한 것은 성적 향상 사례가 크기 때문이 아니다. 아마 학생 B보다 최악의 성적은 없을 것이다. 적어도 이 책을 보는 고2 학생들은 이 시점에도 해낼 수 있는 시점이다. 만약 고3의 경우라면, 지금이라도 탐구 영역을 전략적으로 준비하여 성적 향상을 이룰 수 있다. 그렇게 되면 탐구 비중이 높은 대학에 소신 지원할 수 있는 조건을 만들 수 있다.

이 책을 보고 있는 학생이라면 그래도 변화하려는 의지가 있는 학생일 것으로 생각한다. 이 사례가 그 의지에 조금이나마 할 수 있다는 원동력을 불어 넣을 수 있기를 바란다.

저는 정시만
답이 있는 줄 알았어요
(동국대)

자존감이 바닥이었던 학생

보통 입시 컨설팅은 99% 학부모가 신청한다. 그래서 학생이 직접 컨설팅을 요청하는 경우는 아주 특별한 케이스다. 그 특별한 케이스에는 크게 두 가지 이유가 있다. 첫 번째는 정말 너무 정보가 없는데, 부모님은 체대 입시에 관심이 없고 혼자서 막연하게 인터넷으로 이것저것 검색해보다가 나를 알게 되어 신청한다. 다른 경우는 체대 입시학원이나 학교체육을 통해서 실기 준비를 하는 학생들이다. 학교나 학원의 경우, 어찌했던 입시 상담 기간이 있을 텐데, 그 상담의 결과가 조금은 자기가 원하는 방향이 아닐 때 신청한다.

이번에 소개할 C 학생은 후자의 경우다. C 학생은 원래 속해 있는 학원 또는 학교에서 주장으로써 활동하고 있었고, 운동도 잘하고 리더십이 있는 학생이었다. 하지만 처음 초기 상담에서 만났을 때의 C는 그 당당한 모습은 없었고 오히려 완전히 삶의 의욕을 잃어 풀이 죽은 모습이 역력했다. 심지어 체대 입시 자체에 자신이 과연 해낼 수 있을지에 대한 과도한 걱정으로 인해 자존감도 바닥인 상태였다.

이유를 물었다. "현재 어떤 점이 가장 불만스러운 거니?" 입시도 중요했지만, 그 학생의 마음 상태를 우선 잘 보듬어 주는 것이 먼저였다. 어렵게 꺼낸 아이의 이야기는 이랬다. 역시나 예상했던 내용이었다. "선생님께 상담을 받았는데, 제가 답이 없대요. 어떡하면 좋을까요?" 아이는 그 답이 없다는 이야기에 지금까지 활동해왔던 것이 부정당하는 느낌이 커서 회의감까지 든다고 했다. '그냥 공부를 더 해서 정시나 준비해봐' 선생님은 이렇게 말하면서 이것이 최선이라고 했다고 한다.

나는 아이의 상황을 보고 이렇게 간단하게 상담을 마무리해서는 안 된다고 판단했다. 그래서 학교생활기록부(이하 생기부)를 프린트해서 다시 상담하자고 요청했다. 이유를 궁금해하는 표정이었지만 금방 동의하고 다음 이야기를 풀어나갔다. 입시 상담은 뒤로하고 체대 입시를 하게 된 내 이야기와 다양한 인생 사례를 공감할 수 있는 수준으로 소통한 후 다음을 기약했다.

새로운 방향을 찾다

다행히 다시 찾은 아이의 표정이 첫 만남 때보다는 그나마 밝았다. 하지만 아직 뭔가 해결책을 찾은 것이 아닌 상태라 그리 안정적인 상태는 아니었다. 먼저 생기부를 살펴보았다. 아마 내가 생기부를 분석하고 있는 시간 동안에도 C는 초조하고 기다리기 힘들었을 것이다(그래서 요즘은 방문 전에, PDF 파일로 된 생기부를 보내달라고 요청하고 있다).

아마 C는 자신의 내신 등급이 그렇게 높지 않아 수시 경쟁력이 낮았다고 판단했던 것 같다. 하지만 내신 등급은 비록 낮아도 비교과 활동이 우수하다는 것을 금방 파악할 수 있었다. 현장에서 컨설팅하다 보면 자신의 생기부를 낮게 평가하는 경우가 대부분인데, 심지어 정말 좋은 생기부를 갖추고 있음에도 누군가 말해주는 사람이 없으니 알 길이 없다. 이 학생의 경우가 그러했다.

학교에서 ○○고 응원부 주장을 역임하고, 각종 체육 관련 우수한 활동이 많았다. 무엇보다 '행동 특성 및 종합의견'에서 아이 만의 전공 적합성 요소와 관련 활동이 구체적으로 잘 작성되어 있었다. 뜬구름만 잡는 학생의 막연한 장점만 나열한 것은 절대 좋은 생기부가 아니다. 이에 C의 생기부는 아이의 활동이 잘 기재되어 있는 양질의 생기부로 판단됐다. 거기에 우수한 실기 능력이 있어서 적극적으로 동국대학교 체육교육과 수시전형을 추천했다.

당시의 동국대학교 체육교육과 전형 방법은 지금의 실기전형과는 달랐다. 실기 반영비율이 높은 것은 같지만, 거기에 학생부종합 전형과 같이 서류평가를 반영했고 그 변별력이 상당했다. 같은 실기점수가 높더라도 서류평가에 따라서 결과가 완전히 다르게 나올 정도였다.

처음에는 동국대학교 체육교육과 지원을 추천받은 것이 조금 믿을 수 없다는 눈치였으나 금세 C 학생의 얼굴에 생기가 돌았다. 표정에 '기분이 너무 좋아요.'라고 쓰여 있었다. 합격 가능한 종목별 실기기록을 소개했다. 그리고 지난 합격자 사례와 비교 분석하여 종목별로 얼마나 더 향상해야 하는지를 0.1초, 1cm 단위로 설명했다. 현실적인 목표를 듣고 나니, 아이가 할 수 있겠다는 의지를 보이기 시작했다.

이 상황만 되더라도 실제 합격 여부를 떠나서, 나의 상담은 성공했다 판단한다. 의욕이 없었던 아이에게 할 수 있다는 동기부여를 심어준 것만으로도 합격으로 나아가기 시작했기 때문이다. 이후 실제 C 학생은 수시모집에서 동국대학교 체육교육과 외에 한국체육대학교 사회체육학과까지 중복으로 합격하여 최종 동국대학교에 등록했다.

입시에서 가장 중요하게 생각하는 부분은 입시라는 힘든 과정을 헤쳐나갈 힘을 계속 유지할 수 있느냐이다. 이 힘을 얻을 수 있는 원동력 자체가 제대로 확립이 안 되어 있다면, 언젠가는 그 힘은 다 소모될 수밖에 없다. 그 힘이 수능이나 실기 고사 전에 소모된다면 불합격할 것이다. 자신에 대해서 정확하게 파악하고 내가 어느 전형에 유리한지 확인해야 한다. C는 '합격할 수 있겠다'라는 마음을 제대로 확립했기 때문에 그 어려운 입시를 잘 이겨내고 최종 합격했다. 나는 다음 한 마디를 강조하고 싶다.

"목표대학을 선정하기 전에 자신을 먼저 정확하게 파악하라."

확고한 믿음이
체육교육과로 이끌다
(고려대)

평범하지만, 민감했던 학생

많은 학생을 고려대학교 체육교육과에 합격시켰지만, 유독 생각나는 학생이 있다. 학생 D를 처음 만난 것은 D가 재수를 시작한 2월 경이었다. 재수를 어렵게 시작한 만큼 D는 목표대학인 고려대학교 체육교육과를 가고 싶은 열정이 가득한 아이였다. 평소 고려대 노래를 부르고 다닐 정도로 다니는 공부학원에서도 유명한 학생이었다. 또한, 매사 지각 같은 것은 생각할 수 없을 정도로 성실하고, 실기훈련도 적극적인 모범 학생이었다.

하지만 모든 것은 완벽할 수 없었다. D의 가장 큰 문제는 미래에 대한 불안감으로 항상 초조하여 컨디션 관리에 어려움이 있었다. 특히, "고려대 체육교육과 떨어지면 어떡하죠?", "수능 망하면 어떡하죠?", "실기 파울 당하면 어떡하죠?"의 질문을 틈만 나면 나에게 심각하게 물어봤었다.

9월 모의고사 국어 5등급

수능 전, 최종 공식 모의고사인 9월 모의고사가 갖는 의미는 상당히 크다. 특히 재수생에게는 마지막 점검의 시간이므로 이 시험 결과에 따라서 아이들의 입시 전략이 완전히 바뀐다. 이러한 상황을 잘 알고 있는 나는 9월 모의고사 당일만 되면 더 긴장하고 아이들의 심리상태를 파악한다.

9월 모의고사 당일, D가 심각한 표정으로 상담을 하러 왔다. 예감이 좋지 않았지만 아무렇지 않은 듯 태연하게 맞아주었다. 가채점 결과를 보니 국어가 5등급이 예상되었다. D는 지금까지의 재수 생활이 물거품이 되었다며 힘들어했고 부모님 볼 면목도 없다면서 자존감도 낮아져 있었다. 이런 D의 자존감 회복과 앞으로의 입시 준비 방향을 더 확고하게 만들기 위해서 극단의 컨설팅이 필요했다.

아이들은 말로만 설명해서는 크게 와닿지 않는다. 그래서 재수생을 포함한 합격생의 월별 성적 향상사례를 보여준다. 실제로 6월까지는 성적 향상 변화가 대부분 없다. 오히려 6월 모의고사에서 재수생이 포함되면서 등급이 떨어지는 경우가 적지 않다. 그렇기에 등급이 아닌 실제 수능 환산점수를 기준으로 학생 실기 능력에 따른 최소 지원 가능 점수를 분석해주었다.

대략적인 등급이 아닌 소수점까지 환산하여 비교하니 막연했던 D가 활력을 찾기 시작했다. 마지막으로 9월 모의고사에서 수능에 성적이 많이 오르는 것을 강조했다.(10월 모의고사, 사설모의고사의 변수 제외) 성적상담 외에 고민 상담 등 몇 차례 꾸준히 상담한 결과, D는 학습동기부여를 회복하고 공부에 적극적으로 다시 매진할 수 있었다. 그렇게 수능 당일, 국어를 2등급으로 만들었고 고려대학교 체육교육과의 지원 가능한 경쟁력 있는 점수를 당당히 만들어왔다.

·

더 큰 불안감이 다가오다

산 넘어 산이라 했던가. 수능에서 국어를 2등급으로 만든 것은 다행이었으나 국어에 몰두한 나머지 수학이 평소 점수보다 낮게 나와 D에게 또다른 큰 불안감이 생겼다. 특히나 고려대학교 체육교육과는 수학 96% 이상의 극상위권 학생들에게 자체적인 대학의 계산 방식상 베네핏을 주기때문에 수학이 2등급 이하면 다소 불리한 것이 사실이다.

이로 인해 학생 D의 고려대학교 체육교육과를 지원할 수 있기는 했으나 합격을 위한 실기 여유점(합격할 수 있는 최대 마이너스 실기고사 점수)은 분석 결과, 다소 낮은 편이었다. 거기에 유명 교육사이트 점수를 확인해보니 지원자 평균 점수보다도 낮은 상황이라는 것을 알게 되어 가뜩이나 멘탈 약한 D의 불안감이 배가 되었다.

여기서 한가지 말하고 싶은 점은 '진학사'나 '메가스터디' 등에서 제공하는 지원자들의 수능 환산 표본점수에 대해서 신뢰하거나 절대 그 점수를 기준으로 지원 여부를 판단해서는 안 된다는 것이다. 인문/자연계열 학생들은 전형 방법이 수능 100% 전형인 경우가 많아 제공되는 그 점수를 판단 기준으로 삼아도 무관하다.

하지만 체육 계열에서는 실기 고사에 대한 변별력을 고려하지 않은 평균적인 지원자 수능 환산점수를 체대 입시에서도 적용하면 안 된다. 평균보다 다소 낮은 점수로도 충분히 소신 지원이 가능하고 실제 합격할 수 있으니, 반드시 참고 자료로만 활용하는 것을 권한다. 반대로 점수만 가지고 인문/자연계 학생들이 체육 계열 학과를 지원하는 것도 신중해야 한다.

승부수를 던지다

적정 국어 등급과 다소 아쉬운 수학 등급으로 인해 고려대학교 체육교육과를 지원해야 할지에 이르렀다. 문제는 수능 D-15일부터 학습 컨디션 관리를 위해 실기 준비를 중단했고 그 여파로 체중 증가까지 와서 전체적인 실기 능력이 저하된 것이다. 고민 끝에 지방에 계신 부모님까지 방문 요청하여 중대한 결정을 하게 되었다.

"가군은 포기합시다."

이 이야기를 전했을 때, 학생 D와 학부모의 표정은 더 어두웠다. 당시 나군이었던 고려대학교 체육교육과도 불안하여 가군에서 안정적으로 합격해야 하는 것으로 생각할 수 있었지만, 나는 제1지망 대학의 합격을 위해서는 모든 것을 감수해야 한다는 입장이었다. 특히 D가 고려대학교 체육교육과에 대한 열망이 남들보다 훨씬 높다는 것을 알고 있었기 때문에 고려대를 포기할 수 없었다. 그래서 가군을 미지원해 나군 합격률을 극대화하려 했다.

일단 가군을 지원하지 않으면 세 가지 이득이 있다. 첫 번째, 나군의 실기 준비 기간을 더 확보할 수 있다. 일반적으로 가군 실기는 1월 초에 있어서 가군 실기를 위해서는 12월 말에 컨디션 관리가 들어가야 한다. 하지만 가군을 포기하면 나군 실기 준비를 1월 중순에 있으니 최대 2주 정도 시간을 더 확보할 수 있다. 그래서 D의 경우, 체중 감량 기간을 더 확보하고 부족했던 체력 훈련에 집중했다.

두 번째, 나군에 모든 역량을 집중할 수 있다. 실기, 잠자리 등 시험에 관련된 모든 요소의 루틴을 관리할 수 있다. 나군의 고려대학교 체육교육과 실기 고사 일에 모든 것을 집중할 수 있다.

마지막 세 번째, 가군 실기 고사 결과가 나군에 영향을 주지 않는다. 가군을 실기전형으로 지원했을 때, 실기를 잘 봤다면 그나마 다행이다. 만약에 못 봤다면 더 최악의 방향으로 갈 수 있다. 2지망인 가군에서 안 좋은 결과가 나왔을 때, 1지망에서 잘 된다는 가능성을 제로로 생각하여 자포자기 상태에 이른다. 이렇게 가군까지 미지원하면서 나군에 몰입하여 높은 실기점수를 받았다. 그 결과 고려대학교 체육교육과 중에 평균보다 낮은 수능점수를 극복하고 최초합격할 수 있었다.

지금도 생각나는 부분이 있다. 9월 모의고사 때 낮은 국어 점수로 인해서 목표대학을 바꿨더라면 어떻게 됐을까? 나군 고려대학교 체육교육과가 불안하다고 가군에 실기전형을 지원했다면 어떻게 되었을까? 결과는 아마 고려대학교 체육교육과 합격은 그저 꿈으로만 끝났을 것이다. 그 꿈을 현실로 만든 원동력에는 나의 상담과 분석 외에도 D가 나를 향한 확고한 믿음이 있었기에 가능했다고 생각한다. 다시 한번, 고려대학교 체육교육과에 합격한 D에게 축하의 메시지를 전한다.

본인도 포기한 학생을 학종으로 합격시키다
(이화여대)

자존감 낮았던 아이, 상담 후 확신을 갖다

학종을 생각하면 먼저 내신부터 생각하는 경우가 대부분이다. 그래서 '난 내신이 낮기 때문에 어차피 학종으로 안될 거야'하고 입시 준비전략에서 배제한다. 이런 학생들이 아쉽게 재수를 하게 되고, 그때 본인도 학종에 가능성이 있는 학생이었다는 것을 알게 되면 상담하는 나도 아쉽고 안타깝다. 반대로 이렇게 될 수도 있었지만, 자신에 대해 정확하게 파악해 이화여자대학교 체육과학부에 당당히 학생부종합전형으로 합격한 학생 E를 소개한다.

E는 학생부종합전형에 관심이 많은 학생이었다. 고등학교 1학년 때부터 다양한 활동으로 학생들 사이에서 인기도 많은 학생이었다. 하지만 낮은 내신이 항상 불안 요소였다. 내신은 4등급대로 경쟁력이 낮다고 판단한 것이다. 그래도 고등학교 2학년 기말고

사가 종료되었을 때쯤에는 이대로 포기하기에는 아깝다고 생각했다. 그래서 주변에 학종으로 진학한 선배님이나, 학교 선생님, 체대 입시학원 등에서 상담을 받아봤다고 했다. 역시나 학생이 예상한 대로 결과는 정시를 준비하는 것이 최선이라는 답이 돌아왔다. 상실감이 컸다. 정말 마지막이라는 생각을 가지고 온라인으로 나를 알게 됐고, 고2 겨울방학 전에 첫 상담을 하게 됐다.

처음 만난 E는 거의 자포자기의 표정이었다. 자신감도 없었고, 자존감도 상당히 낮아 보였다, 좌절하고 있는 아이를 바라보는 어머님의 마음이 느껴져 더 안타까웠다. 당시 어머님은 냉정하게 판단해주길 바랐다. 희망적인 이야기보다는 현실적인 이야기를 듣고 싶어 하면서도 뭔가 다른 결과가 나오기를 기대했다.

그전에 받았던 상담들은 상담이라기보다는 개인적인 조언 같아서 그 이야기들만 듣고 쉽사리 아이의 인생을 결정할 수 없었다고 했다. 충분히 공감되는 상황이었다. 상담 초반 아이와 20여 분을 대화를 나눴고 아이에 대한 초반 이미지가 하나하나 달라졌다. 그리고 생기부를 분석했을 때는 이 상황을 완전히 뒤집을 수 있다는 확신이 서게 되었다.

이화여대 학생부종합전형만의 특징

이화여자대학교 체육과학부의 학생부종합전형(예체능 서류전형)은 타 대학의 학생부종합전형과 다른 점이 있다. 바로 '활동보고서'라는 것을 제출해야 한다. 이 활동보고서는 이화여대에서 자체적으로 문서 형식을 만든 것이다. 나는 학생부종합전형이 신설된 후, 이화여대 활동보고서보다 더 독특한 형식을 만들었었다. 그 형식을 기준으로 학종을 준비하는 학생들에게 공통적으로 작성하게 했다. 작성된 내용을 기준으로 다년 간 각 대학별 학종 특징을 분석해왔다. 그 분석의 기준으로 보니, 학생 E의 생기부는 비록 내신은 낮았지만, 몇가지 이화여대 학종 합격생들의 요소와 몇가지 일치하는 점을 바로 확인할 수 있었다.

첫 번째로 학생 E의 생기부는 전 과목은 내신은 낮았지만, 영어(외국어)계열 과목이 2~3등급대로 뛰어났다. 이화여대 학종의 활동보고서는 교과 활동에서 주요한 과목 다섯 가지를 뽑아야 한다. 그 중 영어계열 과목을 필수적으로 반영한다. 더 특이한 점은 영어 과목도 중요하지만, 중국어, 일본어 등 제2외국어 과목을 선택한다면 더 경쟁력 있는 활동보고서를 완성할 수 있다.

두 번째로 '교과 내용 개요' 작성란에 활용할 '세부능력 및 특기사항(이하 세특)'의 내용이 너무 좋았다. 이화여대의 '교과 내용 개요' 작성에 대해서 방향을 잘 못 잡아 내신이 좋아도 불합격하는 학생들이 많다. E의 경우는 낮은 내신을 커버할 수 있는 '경험' 위주의 내용이 많아 학종 경쟁력이 높았다.

마지막으로 교외 활동으로 우수한 스포츠클럽 활동이 있었다. 아마 이 학생은 당시에는 클럽활동 때문에 공부를 소홀히 한다고 핀잔을 들었을 수 있다. 이 활동은 경쟁력 있는 '교내외 스포츠 관련 활동'에서 좋은 평가를 받을 것이라는 분석이 나왔다.

학종에 유리한 학생

보통, 학생들은 자신의 교과 및 비교과 활동을 낮게 평가한다. 다들 자기처럼 학교생활 하지 않겠냐 생각하고 더 특별한 것을 찾으려고만 노력한다. E의 경우도 어떤 경쟁력 있는 활동을 한 것은 아니지만, 기본적인 활동을 통해 경험했던 것을 바탕으로 더 배워야 할 것을 정리했고 그것을 보완하기 위한 활동을 많이 했다. 그렇게 유기적으로 활동이 연결되어 있어서 훌륭한 생기부를 완성할 수 있었다. 여기서 중요한 것 중 하나는 여러분의 소중한 활동을 그 누구도 평가 절하할 자격은 없다는 것이다.

그리고 훌륭한 생기부에 더불어 E 학생의 성향이 2단계 전형인 '면접'에서도 도움이 될 것으로 판단됐다. 상담 초반의 아이는 입시에 대한 불안감 때문에 자존감이 낮았던 것이지 긍정적인 결과의 방향으로 상담이 나아가면서 점점 아이의 활달하고 긍정적 에너지를 확인했다. 특히 구체적인 경험을 들어 본인의 생각을 피력하는 말하는 방식이 이미 몸에 배어 있었다. 조금만 다듬어 주어도 훌륭한 답변들이 쏟아져 나왔다. 차후 진행했던 1 대 1 면접 집중 컨설팅에서 특별히 피드백할 내용이 크게 없을 정도로 말이다.

약간의 위기의 상황이라고 보면, 이화여대 수시 면접 때 낮은 내신 등급의 이유에 관한 질문이 출제되었다는 것이다. 물론 관련 질문을 대비한 것도 있었으나 평소 아이의 행실로 봤을 때는 충분히 잘 대처할 수 있는 질문이었다. 면접 후 E와 후기 피드백을 한 결과, 실제로 만족할 만한 답변으로 마무리했다. 그 후 이화여대에 최종합격했고 지금도 그때를 생각하며 좋은 관계를 맺고 있다.

입시는 절대로 주관적으로 판단해서는 안 된다. 특히 학생부종 합전형의 경우는 더 그렇다. 점수로 객관화할 수 없지만, 분명 입시 결과를 최대한 객관화하여 분석할 수 있다. 대부분 내신 등급을 기준으로 단순히 숫자로 평가하니 높고 낮음으로 아이의 학교생활 전체를 비교하게 된다. 내신 등급이 낮다고 학생이 학교생활을 열심히 안 한 것일까? 물론 내신 등급이 높은 학생들이 학교생활을 열심히 했을 확률이 높다. 하지만 확률이 높은 것이지 100% 다 잘했다고 볼 수 없다. 그러므로 학생부를 종합적으로 평가해야 해서 '학생부종합전형'인 것이다. E 학생처럼 고개 숙이고 고민만 하고 있을 전국의 학생과 학부모에게 진심을 담아 응원의 메시지를 던진다.

"여러분의 활동이 소중하다고 생각되면, 그 활동이 최고의 활동이다."

작지만 작지 않다

전형 방법을 확인할 때 보통 전형 요소보다는 숫자가 먼저 눈에 들어온다. 수능, 내신, 실기 등의 글자보다 80%, 70% 이런 반영비율을 확인하는 것이 기본 심리이다. 그러다 보니 아무래도 5~10% 정도, 정말 많이 반영해야, 20% 정도의 반영비율에는 조금은 크게 생각하지 않는 경향이 있다. 이렇게 바로 우선순위로 생각하지 않는 전형이 바로 '면접'이다. 면접에 대해서는 '나중에'라는 단어가 이상하게 자주 붙는다. 수시 학생부종합전형에서는 다단계전형이 있으니까 먼저 서류 100%를 반영하는 1단계 전형이 중요하다고 생각한다. 그리고 정시는 반영비율이 10% 내외로 낮으므로 반영비율이 면접과 비교하면 상대적으로 큰 수능과 실기에 몰두하게 된다. 이해된다. 입시 전략에서 반영비율이 높고, 변별력이 큰 전형 요소에 집중하는 것은 당연하다. 하지만 1점 또는 소수점으로 합격, 불합격이 나뉘는 치열한 입시에서 어느 하나 소홀히 해도 되는 전형은 결코 없다. 면접을 어떻게 준비하느냐에 따라서 합격의 경쟁력이 완전히 달라진다.

특기자전형에서의 면접

특기자전형은 경기실적 또는 활동 경력이 중요하다. 하지만 의외로 경기실적 반영비율은 높지만, 이 경기실적의 객관적인 점수화하기가 어렵기 때문에 같은 종목의 같은 경기실적 조건이라면, 어디서 판가름이 날까? 바로 면접이 중요한 합격의 요소가 될 수 있다. 학생 F는 특정 종목의 선수다. 청소년 국가대표 경력도 있는 실력 있는 유망주였다. 하지만 F는 여러 가지 이유로 인해 대학 진학을 결심했다. 막상 대학 진학을 결심했지만, 정보가 전무한 탓에 여러 루트를 통해 알아보다 나를 소개받게 되었다.

F 학생과 어머님은 말 못 한 고민이 있었다. 인 서울권 주요 대학의 특기자전형으로 지원하고 싶은데, 같은 종목에 같은 경기실적의 학생들이 중복으로 지원할 것이 뻔했다. 그에 비해 대학에서 모집하는 정원은 턱없이 적기 때문에 경쟁이 심했다. 나는 F에게 자기소개서와 면접에서 경쟁력을 갖추자 제안했다. 특기자전형이라도 학생 선발의 기조는 일반전형의 학생부종합전형과 유사하

다. 면접도 경기력 확인을 포함한 일반면접의 지원동기, 학업 계획 등의 방향과 같아 경쟁력 있게 준비한다면 승산이 있다 판단했다.

특기자전형도 자세히 전형 방법을 살펴보면 상당히 복잡한 전형이다. 가장 비슷한 전형으로 꼽자면 실기전형이 아닌 바로 학생부종합전형이다. 대표적으로 연세대와 고려대의 특기자전형을 소개하면, 연세대학교 체육대학의 특기자전형(체육인재)의 전형 방법은 1단계에서 서류평가 77.7%(900점 만점에서 700점), 내신을 22.3%(900점 만 점에서 200점)으로 2.5배수 내외로 선발한다. 참고로 1단계 서류평가에는 자기소개서가 포함된다. 그리고 2단계에서 1단계 성적 900점과 면접을 10% 반영하여 최종 선발한다. 고려대학교 체육교육과의 특기자전형(실기/실적) 전형은 1단계에서는 서류평가 70%, 학생부 30%로 4배수(포지선별)를 선발하며, 2단계에서는 1단계 성적 80%와 면접을 20% 반영하여 최종 선발한다.

훈련과 병행하다

특기자전형에서 면접은 일반적으로 10월 말에서 11월 초에 진행한다. 대회를 다 마무리하고 준비하기에는 시간이 부족할 수 있다. 말주변이 있는 학생이라도 면접은 다르다. 제대로 된 생각 흐름을 가지고 대비해야 한다. 학생 F의 경우는 7월 말경에 첫 상담을 받고 훈련이 없는 시간을 내어 정기적으로 면접 컨설팅을 진행했다. 지방소재의 고등학교에 다녀서 서울까지 오는 것이 부담스러웠지만, 지각 한번 하지 않고 성실히 면접 수업에 임했다.

F는 어렸을 때부터 운동만 해서 그런지 말주변은 없었지만, 순수한 도화지 같았다. 오히려 생각 정리를 해나가는 시간 동안 아이의 특징을 하나하나 발견해 나갈 수 있었다. 여러 수업과 연습 과정이 지난 후, 최종 수업 때 F의 모습은 너무나도 달라져 있었다. 너무 유창하게 말하는 모습을 보고 다른 사람이라 느낄 정도였다.

면접의 준비 방향 설계와 경쟁력 있는 소재 등을 추출하여, 답변의 질을 높이고 말하기 연습 방법을 더한 결과는 눈부셨다. 최종결과는 말하지 않아도 알 것이다. 혹시라도 이 책을 보고 있는 특기자전형을 생각하는 자녀를 둔 학부모가 있다면 주저 말고 면접과 자소서를 준비해야 한다고 적극적으로 권한다.

연세대에서 면접은 절대적이다

일반전형에서도 면접의 변별력이 가장 높은 대학을 선택하면 바로 연세대학교 체육교육학과를 뽑고 싶다. 비록 반영비율은 5% 정도로 낮지만 실질 변별력은 실제 반영비율보다 훨씬 웃돈다. 또 다른 학생 E는 연세대학교를 너무 가고 싶어 했다. 하지만 컨설팅 결과, 수능 + 실기만을 더한 합산 점수가 예상 합격 컷에 다소 아쉬운 상황이어서 지원을 포기하려 했었다. 면접으로 인해 수능 + 실기 점수가 다소 낮아도 합격으로 뒤집힌 사례를 확인시켜주면서 상담을 진행했다. 그리고 남은 기간 면접을 차근히 잘 준비하면, 다른 합격 사례의 학생들처럼 잘 해낼 수 있다는 자신감을 심어준 결과, 연세대 지원을 결정했다. 실기 준비로 인해서 피곤했지만, 꾸준히 주 3회 정도는 실기훈련 후 1시간씩 남아서 면접 준비를 진행했다. 그렇게 노력한 결과 연세대학교 체육교육학과에 최초합격했다. 가장 낮은 수능점수로 극적인 합격을 이뤄냈다.

반대로 '수능+실기'를 합산한 점수가 예상 컷보다 4~5점 정도 더 여유 있음에도 2021학년도에도 불합격한 사례도 있었다. 그중 몇 학생은 면접을 제대로 준비할까 고민했었지만, 실기훈련에 더 집중하겠다는 핑계로 진행하지 않았다. 불합격 후, 그때 왜 면접을 체계적으로 준비하지 않았을까 하는 아쉬움의 통화가 왔었지만, 후회하기에는 이미 늦었었다.

수시모집에서 서류평가와 자소서의 점수나 정시에서 수능과 내신의 점수가 동일한 상황이면 누가 합격할까? 바로 면접 잘하는 학생이 합격한다. 너무나도 당연한 이야기다. 최근 입시 트렌드는 중앙대학교 체육교육과가 면접을 신설했고, 2024학년도부터는 자소서의 변화까지 있어, 면접의 중요성은 앞으로 더 중요해질 전망이다. 평소 자신의 생각을 정리하는 연습을 하고 정리한 내용을 말로 설명하는 연습을 꾸준히 해야 한다. 그렇게 자연스럽게 말하는 법이 체득된다면, 면접 반영 대학은 더이상 기피 대학이 아니라 지원 필수대학이 될 것이다.

부록

체대 입시
특급전략 10

1. 체육대학 전형에 대한 오해 세 가지

체육대학 전형 방법은 인문/자연계열 전형의 모집 방법과 골자는 같다. 수시전형에서 학업은 내신 등급이면, 정시전형에서는 수능성적이다. 거기에 '실기 고사'라는 체대 입시만의 특수한 전형 방법이 있다. 그런데 대부분 이 실기 고사의 변별력을 정확하게 파악하지 못한다. 그렇기 때문에 체대 입시에 대해서 오해하고 있는 부분이 생길 수 있다. 체대 전형을 제대로 이해한다면 입시를 좀 더 객관적으로 볼 수 있을 것이며, 어렵기만 했던 체대 입시를 정확하게 파악하고 입시전형의 핵심을 바라볼 수 있는 시선을 기를 수 있도록 함께 나아가보자.

실기만 잘하면 합격?

체대 입시는 수시전형은 내신 점수 + 실기점수의 합산 총점을 서열화하여 모집정원에 맞춰 최종합격자를 선발한다. 그리고 정시전형은 수능점수 + 실기점수의 합산 총점을 수시와 같은 방법으로 선발한다. 즉, 내신만 좋다고, 수능점수만 좋다고, 실기를 아주 잘한다고 해서 합격할 수 없는 것이다.

대학에서 각자 정해놓은 내신 및 수능 반영 방법에 맞춰서 최대한 유리하게 적용하여 점수화한다. 그리고 실기 고사 종목을 정해진 실기배점표 안에서 잘 수행한다면 좋은 점수를 받는다. 그렇게 각 전형 요소별로 얻어진 점수를 합산한 점수가 높은 학생이 해당 대학의 최종합격자로 선발되는 시스템이다. 수능, 내신, 실기 요소 외에 연세대학교 체육교육학과, 한국체육대학교 특수체육교육과 등에서 실시하는 면접이나, 중앙대학교 체육교육과 정시전형의 서류평가 등의 변수가 있지만, 선발의 기조는 동일하다.

제자리멀리뛰기는 무조건 3m 이상?

코로나19로 인해서 체대 입시도 영향을 받았다. 대학 입학처에서 실기 고사 종목을 최대한 간소화했다(한시적 폐지 및 변경이기 때문에, 앞으로 코로나 시국 상황에 따라서 실기 고사도 확대 편성될 수 있다). 5분 이상 걸리는 종목을 폐지하거나 1분 이내로 걸리는 종목으로 변경했다. 그리고 실기 능력평가 방법에 제약이 많았던 종목들을 5초 내로 간편하게 측정할 수 있는 종목으로 변경했다.

그러다 보니 제자리멀리뛰기, 배근력, 메디신볼 던지기 등의 종목을 대학에서 많이 채택했다. 아무래도 10초 이내로 측정 가능하며, 주관적인 견해가 개입되지 않아도 객관적으로 평가를 할 수 있기 때문이다.

특히, 제자리멀리뛰기는 2022학년도 실기 고사 기준으로 100여 개 넘는 대학에서 채택하고 있는 필수종목이다. 그런데 제자리멀리뛰기에 대해서 오해하고 있는 것이 있다. 바로 무조건 남학생 기준 3m, 여학생 기준 2.5m를 넘겨야 한다는 강박관념에 잡혀 있다. 3m를 넘지 못하면 불합격할 확률이 높다고 생각한다. 이 생각은 완전한 오류다. 다음에 나와 있는 한 서울권 주요 대학의 실기 배점표를 확인해보자.

다음 표는 한국체육대학교의 수시/정시 실기배점표다. 1등급 기준을 보면, 제자리멀리뛰기의 만점은 남학생 기준 284cm, 여학생 기준 231cm 이다. 만점 기록이 생각보다 낮다고 생각할 수 있다. 심지어 이 만점 기록을 받지 않아도 합격이 가능하다. 보통 3등급 기준을 받으면 합격을 위한 경쟁력을 갖출 수 있다. 3등급 기준은 남학생 269cm, 여학생 212cm이다. 일부러 300cm를 목표로 준비할 필요가 없다.

제자리멀리뛰기로 예를 들었지만 다른 종목에서도 마찬가지다. 이러한 상황이 가능한 것은 앞서 소개한 '선발의 기조' 때문이다. 물론 몇몇 동국대학교 체육교육과 수시전형 등의 대학에서는 실기를 잘해야 합격할 수 있다. 그러나 이런 특수한 상황을 전체 체육대학에서 일반화하는 것은 명백한 오류다. 실기 고사 평가 방법 확인과 실제 합격사례를 파악해야 한다. 그렇게되면 이 오류에서 쉽게 빠져나올 수 있을 것이다.

| 한국체육대학교 수시/정시 실기배점표 |

등급	점수	10m왕복달리기(초)		윗몸일으키기(회)		제자리멀리뛰기(cm)	
		남자	여자	남자	여자	남자	여자
1	38	8.27이하	9.19이하	140이상	129이상	284이상	231이상
2	37	8.28 ~ 8.45	9.20 ~ 9.44	132 ~ 139	121 ~ 128	276 ~ 283	222 ~ 230
3	35	8.46 ~ 8.63	9.45 ~ 9.70	124 ~ 131	112 ~ 120	269 ~ 275	212 ~ 221
4	33	8.64 ~ 8.81	9.71 ~ 9.95	116 ~ 123	104 ~ 111	261 ~ 268	203 ~ 211
5	31	8.82 ~ 8.99	9.96 ~ 10.21	108 ~ 115	95 ~ 103	253 ~ 260	193 ~ 202
6	29	9.00 ~ 9.18	10.22 ~ 10.46	99 ~ 107	87 ~ 94	246 ~ 252	184 ~ 192
7	27	9.19 ~ 9.36	10.47 ~ 10.72	91 ~ 98	78 ~ 86	238 ~ 245	174 ~ 183
8	25	9.37 ~ 9.54	10.73 ~ 10.97	83 ~ 90	70 ~ 77	230 ~ 237	165 ~ 173
9	23	9.55 ~ 9.72	10.98 ~ 11.23	75 ~ 82	61 ~ 69	223 ~ 229	155 ~ 164
10	21	9.73 ~ 9.90	11.24 ~ 11.48	67 ~ 74	53 ~ 60	215 ~ 222	146 ~ 154
11	19	9.91이상	11.49이상	66이하	52이하	214이하	145이하

체대는 공부하기 싫은 사람이 가는 곳?

생각보다 많은 학생이 학업 스트레스로 인해서 도피처로 체대 입시에 발을 들여놓는다. 그래서 당연히 학업에 대한 비중이 낮은 학교들을 찾게 되고 실기변별력이 높은 가천대, 동국대, 한양대, 명지대, 강남대, 대진대 등의 대학이 경쟁률이 높을 수밖에 없다. 아이러니하게도 이러한 학교들도 공부를 잘하면 아주 유리하다.

내신 등급이 높거나, 수능점수가 높으면 생각보다 운동을 극상 위권으로 잘하지 못해도 합격할 수 있다. 수시전형 중에 경남대학교 체육교육과, 원광대학교 체육교육과, 한양대학교 스포츠과학부 등의 경우는 '수능 최저등급'을 적용하기 때문에 적절한 수능 관리는 필수다.

학업이 싫어서 체대 진학을 꿈꾼 학생들은 냉정하게 비추천한다. 왜냐면 체육대학 진학해서도 공부는 계속해야 하기 때문이다. 고등학교 정규과정이 비록 너무 어렵더라도 학업 자체에 관한 관심은 계속 가져야 한다. 설사 실기 100% 전형을 지원한다고 해도 말이다.

체대 입시전형에 대해서 간단하지만 핵심적인 것을 소개했다. 아주 기본적이지만, 기본적일수록 더 강조해야 한다는 나의 방향 때문에 가장 먼저 소개했다.

이어 체대 입시를 위한 필수용어의 확인과 수시, 정시의 변별력, 수능과 실기의 상관 관계에 대해서 확인해보자. 그리고 실기우수자전형의 핵심에 대해서 파악하고, 체대 학생부종합전형을 분석해보자. 그 외에 오해할 수 있었던 것에 대해서도 따로 주제화해 다룰 예정이다.

| 체대 수시의 전형 구분 |

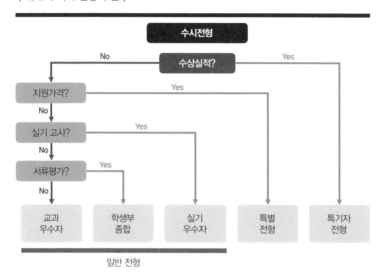

2. 용어를 알아야 대학이 보인다1 - 입시용어

일반입시와 체대 입시는 공통으로 사용하는 용어들이 있고, 체대 입시에만 사용하는 용어들이 있다. 이러한 용어들을 잘못 이해하면 입시와 관련된 사항을 제대로 이해하지 못해 입시 전략 수립이 어려울 수 있다. 심지어 입시를 망칠 수도 있다. 그만큼 용어의 개념을 정확하게 알고 있는 것이 매우 중요하다. 용어를 정확하게 알면 그 안에 숨겨져 있는 입시경쟁력도 알 수 있다. 입시의 공통 용어를 통해 체대 입시를 더 정확하게 이해할 수 있도록 주요 대입 용어들을 정리했다.

수시모집

수시모집이란, 정시모집에 앞서 학생의 다양한 요소를 반영하여 신입생을 선발하는 방식이다. 이 수시모집을 통해서 지원자가 미달인 경우, 정시모집에서 미달된 인원을 이월하여 선발한다. 수시모집은 총 여섯 번의 기회가 있으며, 수시모집에서 합격할 경우 정시모집에 지원할 수 없다는 점을 유의해야 한다. 수시모집 전형 기간은 정시모집 전인 매년 9월에서 12월 중순까지 진행된다.

수시납치

수시납치를 당하지 않기 위해서는 9월 모의고사를 기준으로 지원 가능한 대학의 기준을 객관적이고 냉정하게 정하는 것이 중요하다. 그 기준보다 보통 소신(상향) 지원하면 수시납치를 최소화할 수 있다.

입학사정관

학생부종합전형에서 학생들의 다양한 발전 가능성을 확인하여 학생을 선발하는 전문가를 말한다. 이 외에도 대학에서 대입전형에 대한 개발, 연구 및 보완 등을 하는 일도 한다. 입학사정관으로 활동했었던 분들은 이후에도 공정한 입시환경 조성을 위해 힘을 쓰고 있다. 최근 입시에는 입학사정관이라는 말보다는 '학생부종합전형 평가위원'이라고 부른다.

최저학력기준

학생을 선발할 때, 일정 이상 수준의 수능 또는 학생부 성적을 요구하는 것을 말한다. 모든 전형 방법에서 우수해도 이 최저학력 기준에 미치지 못하면 불합격이다. 예를 들어 한양대학교 스포츠과학의 실기전형에서의 최저학력기준은 수능등급을 활용하며, '영어를 포함하여 2과목 등급 합이 7등급' 이내여야 한다. 학생은 반드시 지원 전에 최저학력기준의 충족 여부를 확인해야 한다. 또한 이 최저학력기준은 입시 상황에 따라서 변경될 수 있으니 정확하게 확인해야 한다. 다행인 것은 수능최저적용 기준을 조금씩 완화하고 있는 상황이다.

정시모집

수시모집 이후, 수능성적을 중심으로 신입생을 선발하는 방식이다. 체대 입시는 이 수능성적과 실기 고사 평가점수로 정시합격생을 최종선발한다. 보통 정시모집 전형 기간은 매년 1월이다. 수시모집에서 합격할 경우 정시모집은 지원할 수 없다.

모집군

4년제 대학의 정시모집 전형 실기 기간에 따른 구분을 말하며, 2년제 대학은 해당 사항 없다. 대학전형일에 따라 '가', '나', '다'로 구분된다. 수험생은 각 군별로 한 군데의 대학에만 지원할 수 있다. 그래서 정시모집은 총 세 번의 기회가 있다. 체대 입시에서는 실기 일정도 군 별로 구분되어 있다. 하지만 보통 군별 일정이 일주일 정도 되는데 가군 실기 고사가 끝나자마자 다음 날 나군 실기 고사를 치르는 경우가 있다. 실기 고사 일정을 고려한 지원도 한 전략이 될 수 있으니 참고하자.

표준점수

수능 원점수의 경우 영역별 난이도에 따라서 유불리가 발생할 수 있다. 따라서 이를 보완하기 위해 수험생의 원점수, 각 영역의 평균과 표준편차를 활용하여 표준점수를 계산한다. 체대 입시에서는 이 표준점수를 반영하는 대학은 대체로 수능 변별력이 다소 낮아, 상대적으로 실기 변별력이 높다. 그래서 수능 반영비율이 높아도 표준점수 반영대학은 실기로 커버가 가능한 경우도 있다. 대표적으로 중앙대학교 스포츠과학이나 세종대학교 체육학과 등이 있다.

백분위

표준점수를 기준으로 학생의 순위를 %로 나타낸 수치다. 국어, 수학의 경우 동일한 백분위에 있더라도 표준점수의 차이는 있을 수 있다. 탐구 영역의 경우는 탐구 과목 선택에 따른 유불리가 크게 발생하기 때문에 고려대, 연세대, 한양대, 중앙대, 인하대 등의 대학은 백분위를 바탕으로 변환표준점수를 활용한다. 체대 입시에서는 이 백분위를 반영하는 대학일 경우 수능 변별력이 높아서 실기를 아무리 잘해도 지원이 불가한 대학도 있다. 대표적인 백분위 반영대학으로 단국대학교 체육교육과 등이 있다.

등급

백분위를 기준으로 1~9등급으로 나눈다. 사실 등급은 대학에서 점수화하는 기준으로는 사용하지 않으나, 수능 최저학력기준으로 활용하기 때문에 중요한 부분을 차치한다. 그리고 개괄적인 상담을 진행할 때, 이 수능평균 등급을 활용하기도 한다. 절대평가인 영어와 한국사는 원점수에 따라서 기준을 나눈다. 간혹, 신라대학교같이 등급을 점수화하여 수능에 반영하는 대학도 있다.

| 영역별 등급 기준표 |

	국어,수학(백분위)	영어(원점수)	한국사(원점수)
1등급	96% 이상	90점 이상	40점 이상
2등급	89% 이상	80점 이상	35점 이상
3등급	77% 이상	70점 이상	30점 이상
4등급	60% 이상	60점 이상	25점 이상
5등급	40% 이상	50점 이상	20점 이상
6등급	23% 이상	40점 이상	15점 이상
7등급	11% 이상	30점 이상	10점 이상
8등급	4% 이상	20점 이상	5점 이상
9등급	4% 미만	20점 미만	5점 미만

수능 환산점수

대학에서는 수능 성적표를 기준으로 표준점수와 백분위를 활용하여 학생을 선발한다. 이때 수능 각 영역에 설정하는 과목별 가중치가 다르다. 이 가중치를 반영하여 산출되는 점수를 수능 환산점수라 한다. 같은 수능 반영비율과 가중치를 반영하더라도 대학마다 계산하는 방식이 다르기 때문에 점수 차이가 발생한다. 그렇기에 등급으로 지원 여부를 판단하는 것보다, 이 수능 환산점수를 통해 지원 가능한지 살펴보는 것이 가장 정확하다.

내신 환산점수

정시에서 수능 환산점수가 중요하다면, 수시에서는 내신 환산점수가 그 역할을 한다. 대학 수시전형에서는 학생들의 학교생활기록부를 기준으로 과목별 등급, 이수 단위, 평균, 출석 일수 등을 활용하여 내신 환산점수를 산출한다. 대학마다 내신 환산 역시, 계산하는 방식이 다르다 그렇기 때문에 수시지원 시, 내신 등급보다는 내신 환산점수를 기준으로 최종 지원 여부를 결정해야 한다.

비교 내신

내신 환산점수를 산출할 수 없을 경우 내신 점수를 다른 기준을 비교하여 산출하는 방식을 비교 내신이라 한다. 보통 재수생, 삼수생의 경우 현재 고3 학생들과 내신 산출에 형평성 문제 때문에 비교 내신을 적용한다. 대학마다 비교 내신을 적용하는 기준은 전부 상이하니 확인해야 한다. 예를 들어 낮은 내신 때문에 지원 못해던 국민대학교가 재수생부터는 비교내신을 적용하다. 동국대학교 체육교육과 수시전형의 경우는 삼수생부터 실기 고사를 기준으로 한 비교내신을 적용하기도 한다.

다단계전형

학생들의 선발을 단계별로 선발하는 전형이다. 예를 들어 서울대학교 체육교육과의 경우는 먼저 1단계에서 수능성적으로만 모집정원의 3배수로 실기대상자를 선발한다. 그리고 2단계에서 실기 고사 점수를 반영하여 최종합격생을 선발한다. 즉, 1단계에서 불합격하면 실기 고사 자체를 볼 수 없게 되므로, 유의해야 한다. 이러한 다단계전형으로는 정시전형 실기 고사에서 많이 시행한다. 대표적으로 이화여자대학교 체육과학부, 서울시립대학교, 한국교원대학교, 충남대학교, 서울과학기술대학교 등에서 시행한다. 참고로 2022학년도부터 서울대학교 체육교육과가 다단계전형을 신설 시행한다.

3. 용어를 알아야 대학이 보인다2 - 실기용어

체대 입시는 실기라는 체대 입시만의 전형방식이 있어, 사용하는 용어들도 독특하다. 입시용어는 들어봤어도 실기 고사 용어는 낯선 부모님이 많을 것이다. 실기 고사가 최종합격의 마지막 관문이므로 그 시작이 될 수 있는 실기용어를 정확히 알아두어야 한다. 실기용어를 잘못 이해하면 입시 자체를 망칠 수 있다.

실기배점표

실기 고사를 평가할 때, 지정한 종목을 객관적으로 평가하기 위해서 대학에서 자체적으로 제작한 표다. 이 실기배점표를 활용하여 평가하는 방법을 절대평가라고 한다. 대학 대부분에서 수시/정시요강에 공개한다. 하지만 공개하지 않는 대학도 있어서, 입시 결과를 통해 분석해야 하는 경우도 있다. 대표적으로 서울대학교 체육교육과가 있다.

1감, 2감

실기배점표에 정해져 있는 기록별 등급에서 깎인 급간의 수를 말한다. 예를 들어 위 배점표를 기준으로 285cm 만점인 제자리멀리뛰기에서 271cm가 나왔다면, 총 5감을 한 것이다. 점수는 급간 당 5점씩 깎이기 때문에 5감은 25점 깎이게 되는 계산도 할 수 있다. 다만 이러한 계산은 급간 배점이 동일한 경우만 할 수 있기 때문에 유의해야 한다. 그렇기 때문에, 합격을 위한 최소한의 실기점수를 환산할 때 절대로 감수로 체크해서는 안된다. 합격은 반드시 대학에서 실제 반영하는 환산점수를 기준으로 체크해야 한다.

| 건국대학교 스포츠건강학과 수시배점표 |

종목	단위	성별	100	95	90	85	80	75	70	65	60	55	50	45	40	35	30	25	20	15	10	5	0
왕복달리기 (20m 왕복 ×2회) 총 80m	초	남	14.20 이하	14.21~14.40	14.41~14.60	14.61~14.80	14.81~15.00	15.01~15.20	15.21~15.40	15.41~15.60	15.61~15.80	15.81~16.00	16.01~16.20	16.21~16.50	16.51~16.80	16.81~17.10	17.11~17.40	17.41~17.70	17.71~18.00	18.01~18.30	18.31~18.60	18.61~18.90	18.91 이상
		여	15.80 이하	15.81~16.00	16.01~16.20	16.21~16.40	16.41~16.60	16.61~16.80	16.81~17.00	17.01~17.20	17.21~17.40	17.41~17.60	17.61~17.80	17.81~18.10	18.11~18.40	18.41~18.70	18.71~19.00	19.01~19.30	19.31~19.60	19.61~19.90	19.91~20.20	20.21~20.50	20.51 이상
제자리 멀리뛰기	cm	남	285 이상	284~282	281~279	278~276	275~273	272~270	269~267	266~264	263~261	260~258	257~255	254~251	250~247	246~243	242~239	238~235	234~231	230~227	226~223	222~219	218 이하
		여	235 이상	234~232	231~229	228~226	225~223	222~220	219~217	216~214	213~211	210~208	207~205	204~201	200~197	196~193	192~189	188~185	184~181	180~177	176~173	172~169	168 이하
윗몸 일으키기 (경사없음)	회	남	77 이상	76~75	74~73	72~71	70~69	68~67	66~65	64~63	62~61	60~59	58~57	56~54	53~51	50~48	47~45	44~42	41~39	38~36	35~33	32~30	29 이하
		여	72 이상	71~70	69~68	67~66	65~64	63~62	61~60	59~58	57~56	55~54	53~52	51~49	48~46	45~43	42~40	39~37	36~34	33~31	30~28	27~25	24 이하

기초실기

기초체력 평가를 위한 실기 고사 종목을 '기초실기'라 한다. 기초체력 평가 사항에는 주력, 순발력, 근지구력, 유연성 등이 있다. 이 능력을 평가하기 위한 대표 종목으로 제자리멀리뛰기, 좌전굴,

배근력, 서전트 점프, 메디신볼 던지기, 턱걸이, 매달리기, 100m 달리기 등이 있다. 이러한 기초실기는 단기간 내에 준수한 수준으로 올리기 어렵기 때문에 조기 준비는 필수다. 참고로 같은 종목이라도 대학마다 만점 기록과 시행방식 그리고 측정 도구 등이 상이하다. 그렇기 때문에 대학별로 지난해 실기장 후기를 사전 파악하는 것이 좋은 전략이 될 수 있다.

기능실기

다양한 운동 능력을 종합적으로 평가하기 위한 실기를 기능실기라 한다. 기능실기는 기초체력 외에 복합적으로 협응성, 신체조정력 등을 평가한다. 대표적인 종목으로 높이뛰기, 허들, 기계체조(핸드스프링), 농구 레이업, 배구 언더오버 토스, 축구 드리블 등이 있다. 기능실기 역시 꾸준한 대비가 필수이다. 건국대학교 체육교육과의 농구, 핸드스프링, 높이뛰기의 경우는 단순히 기록 외에 자세도 평가하므로 완성도를 높여야 한다. 이러한 완성도는 절대 단기간에 완성할 수 없어서 기초실기보다 더 장기적으로 대비하는 것을 권한다. 기능실기를 단기간에 완성하기 위해 무리하면 심각한 부상을 입을 수도 있으니 상시 안전한 장소에서 체계적인 교육을 기준으로 연습하는 것을 권한다.

전공 평가

특정 종목을 종합적으로 평가하는 평가방식이다. 대표적으로 연세대학교 스포츠응용산업학과가 있다. 농구, 축구, 수영, 검도 등 대학에서 지정한 종목 중 택1 하여 평가한다. 기능실기평가보다 더 세부적인 학생의 종합적인 능력을 평가한다. 전공 평가에서 아주 우수할 경우, 평균보다 낮은 수능점수라도 합격할 수 있다. 실제 선수 경력이 있었던 학생 중에서 적정수준의 수능성적을 갖춘 학생이 있다면, 전공 평가가 있는 대학을 전략적으로 선택하라.

파울(실격)

실기 고사를 진행하면서 객관적으로 평가하기 위한 금지 행위를 파울이라 한다. 이 파울을 할 경우, 실기 고사 점수를 파울을 한 종목에서 0점을 받기 때문에 유의해야 한다. 예를 들어 제자리멀리뛰기의 경우 이중점프 동작은 파울로 적용된다.

보통 측정 종목 1차 시기에 파울을 하면 재기회를 주기도 한다. 그러나 2차 시기에 파울을 할 경우는 실격 처리된다. 이 외에 기록이 저조할 것을 예상하여, 의도적인 파울(일부러 넘어지는 경우 등)을 하면 실격처리 당할 수도 있으니 참고하자. 유의사항으로는 대학마다 파울을 적용하는 기준이 같은 종목이라도 상이하므로 입시요강에 소개된 파울 기준을 반드시 숙지해야 한다.

숙지했다 하더라도 문제가 있다. 실제 대학 실기 고사장 환경에 따라서, 측정자(감독관)의 주관에 따라서 파울 적용 기준이 다를 수 있다. 그렇기 때문에 지난 실기장 환경에 대해서 다양한 의견을 파악하는 것이 중요하다.

올만점

실기 고사 전 종목에서 만점을 받은 것을 '올만점 받았다.'라고 한다. 모든 체대 입시생의 목표이다. 대학컨설팅을 받을 때 내 목표대학의 지원 가능 점수를 판단하기 위해 "올만점을 받을 경우, 최소한 수능이 몇 등급(점)까지 지원 가능할까요?"라고 질문한다.

이 질문에는 맹점이 있다. 꼭 올만점 안 받아도 합격할 수 있는 대학이 많다. 일부러 올만점 받으려고 오버페이스하여, 되려 파울을 받아 불합격한다. 실기 올만점을 목표로 하는 것이 아니라, 합격을 목표로 입시 전략을 세워야 한다.

만점 기록

실기 고사에서 가장 높은 점수를 받기 위한 기록이다. 위에서 예시로 소개한 건국대학교 스포츠건강학과 수시배점표에서의 제자리멀리뛰기 만점 기록은 285cm이다. 유의사항은 285cm 이상을 뛰었더라도 더 좋은 점수를 받지 않는다. 그래서 일부러 만점을 웃도는 기록을 받기 위해서 무리할 필요가 없다. 일부러 3m 정도의 기록을 뛰려고 하다가 파울 당한다면 바로 불합격이다.

실기 고사 종목 줄임말

요즘은 줄임말을 많이 사용하는데, 체대 입시도 그 영향을 받고 있다. 그래서 아이들이 사용하는 신조어나 줄임말로 불리는 종목을 부모님들은 잘 모를 수 있으니 자세히 소개해보겠다.

체육 종목 줄임말

제멀 : 제자리멀리뛰기

높뛰 : 높이뛰기

핸스 : 핸드스프링

메던(메볼) : 메디신볼 던지기

앉메 : 앉아 메디신볼 던지기

사스 : 사이드 스텝

싯업 : Sit-up, 윗몸일으키기의 동의어

핸던 : 핸드볼공 던지기

농던 : 농구공 던지기

백미 : 100m 달리기

십미 : 10m 왕복달리기(10미, 20미, 25미로 종목을 구분하기도 함)

왕달 : 왕복달리기

엎손 : 엎드려 손뼉치기

십자 : 십자달리기, 십자런

중량 : 중량 메고 달리기, 중량런(들고 뛰는 물체를 지칭하기도 함)

물앞 : 물구나무서서 앞구르기

지런(Z런) : 지그재그런

체육 관련 학과명 줄임말

- 체육

체교 : 체육교육

사체 : 사회체육

생체 : 생활체육

특체 : 특수체육교육, 특수체육

- 스포츠

스레 : 스포츠레저

스응(스응산) : 스포츠응용산업

스경 : 스포츠경영

스과 : 스포츠과학

스지 : 스포츠지도

스재 : 스포츠재활

스사 : 스포츠사이언스

스산 : 스포츠산업

스학 : 스포츠학과(부)

스의 : 스포츠의학

스마 : 스포츠마케팅

스매 : 스포츠매니지먼트

스건(스건재) : 스포츠건강재활

스복 : 스포츠복지

스비 : 스포츠비즈니스

스아 : 스포츠아웃도어

스융 : 스포츠융합

스청(스청지) : 스포츠청소년지도

스학 : 스포츠학부, 스포츠학과

스헬 : 스포츠헬스케어

- 운동

운처 : 운동처방학과

운건 : 운동건강관리

운재 : 운동재활

건운 : 건강운동관리

- 기타

국스 : 국제스포츠

글스 : 글로벌스포츠

레해 : 레저해양

재퍼(재퍼트) : 재활퍼스널트레이닝

노복 : 노인체육복지

시매 : 시큐리티매니지먼트

시스 : 시니어스포츠

헬운 : 헬스케어운동

4. 수시와 정시, 어떤 전형이 유리할까?

　수시가 먼저인가, 정시가 먼저인가는 입시에서 가장 큰 논쟁의 주제다. 체대 입시에서도 이 논쟁은 상당히 민감한 분야다. 인문/자연계에서는 내신 관리, 수능 관리의 경우, 두 요소 모두 학업을 기조로 한 활동이다. 그래서 수시, 정시를 준비하는데 큰 부담 없이 준비할 수 있다. '수시 지원해 보고 안 되면 정시 지원하자'는 식의 전략을 체대 입시보다 상대적으로 편하게 결정할 수 있다.

　하지만 체대 입시는 '실기 고사'라는 특수한 전형요소가 있어 변수가 따른다. 체대 입시의 큰 줄기, 즉 수시전형(교과전형, 실기전형)과 정시전형(수능전형, 실기전형) 선택에 따른 기회비용이 따른다. 수시와 정시, 어떻게 올바르게 준비해 나가면 좋을까? 아니, 수시와 정시 중 더 유리한 전형은 어떤 것일까?

수시 여섯 장 vs 정시 세 장

수시 vs 정시, 이것을 더 세부적으로 논하자면 수시는 여섯 장의 카드가 있고, 정시는 세 장의 카드가 있다. 카드의 수는 지원 가능한 최대 횟수다. 수시는 최대 여섯 군데의 대학에 지원 가능하며, 정시전형은 가, 나, 다군 군별로 한 군데의 대학에만 지원할 수 있어, 최대 세군 데의 대학까지 지원이 가능하다. 일반적으로 생각하기에 정시 세 장보다 수시 여섯 장이 더 커 보일 수 있다. 그렇기에 수시를 지원 안하는 것은 손해를 보는 느낌이 든다. 더군다나 6월 모의고사 전, 후로 인문/자연계학생들의 수시 지원이야기가 솔솔 들려오니, 나도 지원해야 할 것 같다는 생각이 든다. 하지만 냉정하게 판단해야 한다. 수시로 인해서 정시까지 영향을 미칠 수 있다. 지원 가능한 횟수로 전형의 중요도를 판단해서는 안 된다. 내가 준비해 온 방향과 맞는지, 나에게 유리한 전형이 어떤 것인지 객관적으로 봐야 한다.

전형에 따른 유리한 학생은?

수시

기본적으로 내신 등급이 높은 학생들이다. 정시는 수능이라면, 수시는 내신이다. 학업의 성실도를 내신 등급으로 판단한다. 하지만 유의해야 하는 것은 체대 입시에서는 이 내신의 변별력이 낮은 편이다. 체대 입시의 수시전형 명칭을 이유 없이 '실기우수자전형'

이라고 정한 것이 아니다. 그렇기에 실기 능력이 아주 뛰어난 학생들이 유리하다. 적당한 4~5등급대의 내신 등급이면 내신에서는 문제가 없다. 내신은 아주 우수하지 않지만, 학교생활을 충실히 활발하게 한 학생도 유리하다. 일반적으로 학생부종합전형에 해당하는 학생이다. 학교생활을 전체적으로 교과, 봉사, 독서, 자율, 동아리 활동 등 다양한 분야에서 학생의 잠재력을 잘 보여주는 것이 중요하다. 이렇게 나의 잠재력을 입학사정관에게 어필하려면, 학교생활을 적극적으로 열심히 하면 된다. 비록 내신이 다소 낮아도 말이다.

정시

내신이 낮지만, 수능성적이 좋은 학생이다. 간혹 일부 자사고나 특수목적고등학교의 학생은 치열한 경쟁으로 내신 관리가 어려운 경우도 있다. 이러한 학생들은 수능 관리를 통해서 정시를 노리는 것이 유리하다. 거기에 준수한 실기 능력까지 갖춘다면 완벽하다. 사실 수능 전형도 일부 있지만, 폭이 너무 좁다. 그리고 일반 학생들도 지원할 수 있어서 입시 결과가 상당히 높은 점도 유의해야 한다. 대표적으로 경희대학교, 한양대학교 등이 있다.

구분			특이사항
체대입시	수시	특기자전형	경기실적(활동 경력) 반영
		특별전형	지원자격 조건있음
		일반전형 실기우수자	실기 고사 중심(서류평가 ×)
		일반전형 학생부종합전형	서류평가 중심(실기 고사 ×)
		일반전형 교과우수자전형	내신 등급 중심(서류 ×, 실기 ×)
		일반전형 논술전형	논술 전형 중심(내신 ○)
	정시	특별전형	지원자격 조건있음
		일반전형 실기전형	실기 고사 반영(수능 + 실기)
		일반전형 수능전형	수능100% 또는 수능 + 내신
		일반전형 서류전형	수능 + 서류(중앙대 체교가 유일)
		일반전형 내신전형	내신만 반영(수능 ×)

수시전형 파헤치기

체대 입시에서 수시전형하면 대표적으로 실기우수자전형과 학생부종합전형이 떠오른다. 하지만 그 외에도 여러 전형이 있다. 생각보다 어떠한 전형이 있는지, 그 전형의 특이사항을 몰라서 지원 자체를 못 하는 경우가 많다. 이번 장에서는 체대 입시 수시전형을 구분해보고 그 특징을 소개한다.

특기자전형_경기실적의 유무

특기자전형은 특별한 기술이나, 기능을 가진 학생들에게 지원 자격을 주어지는 입학전형이다. 체대 입시에서는 이 특기자전형을 경기실적이 있거나 국가대표, 청소년대표, 상비군 또는 그에 준하는 활동 경력이 있는 학생들에게 지원 자격이 주어진다. 경기실적은 전국 규모의 대회에서 특정 종목으로 입상한 기록이다. 대체로 개인종목의 경우 3위 이내의 실적이나, 단체 종목의 경우 전국대회 8강 이내 경기에 출전한 기록을 기준으로 한다. 대학별로 종목별 모집인원, 포지션별 인원을 따로 모집한다. 예를 들어, 연세대학교 체육교육학과의 경우 19명(축구 3명, 농구 3명, 야구 4명, 아이스하키 4명, 럭비 5명)을 수시 특기자전형(체육 인재)으로 선발한다.

특별전형_지원 자격의 유무

이제는 자신이 특별한 지원 자격이 있는지를 확인한다. 어떤 전형을 지원할 때, 어떤 지원 자격 조건이 돼야 지원 가능하다면, 모두 특별전형에 해당한다. 대표적인 지원 자격 조건은 다음과 같다.

- 농어촌학생
- 특성화고
- 사회배려대상자(기초생활보장 수급자)
- 국가보훈대상자
- 만학도

- 북한 이탈 주민
- 사회공헌자
- 서해 5도 출신자
- 장애 학생
- 지역 균형
- 다자녀

사전에 내가 어떠한 지원 자격 조건이 있는 파악하는 것이 중요하다. 일반적으로 특별전형의 입시 결과는 일반전형의 입시 결과보다 합격자 평균 등급이 다소 낮다. 그래서 완벽한 합격이 예상되는 높은 내신 등급의 경우는 특별전형을 비추천한다. 모집인원을 상대적으로 더 많이 선발하는 일반전형으로 안전하게 지원하는 것이 유리하기 때문이다. 또한 특별전형은 모집인원도 적기 때문에 예상할 수 없는 변수가 발생하기 쉽다.

일반전형

위의 특기자전형과 특별전형에 해당하지 않는 전형을 모두 일반전형이라 일컫는다. 이 일반전형은 전형 방법에 따라서 크게 세 가지로 나눈다.

- 실기우수자전형

실기 고사를 평가한다면, 모두 실기우수자전형이라 정한다. 실기우수자전형은 경기실적은 미반영하며, 특별한 지원 자격없이 실기 고사를 평가하는 전형이라 정의한다. 대표적으로 동국대학교 체육교육과, 숙명여자대학교 체육교육과 등이 있다. 전형 명칭 그대로 실기 능력이 아주 뛰어난 학생들이 지원하는 것이 유리하다. 내신은 비록 4등급 내외지만, 높은 실기 능력으로 소신 지원이 가능한 대학들이 많은 것이 특징이다.

- 학생부종합전형

이제는 서류평가의 반영 여부를 확인해야 한다. 서류평가를 반영한다면, 모두 학생부종합전형이라 정한다. 서류에는 학교생활기록부, 자기소개서, 교사 추천서, 교외 활동증빙서, 활동 보고서 등이 있다. 이 중 한 가지라도 평가한다면 모두 학생부종합전형이다. 대표적으로 한양대학교 스포츠사이언스전공, 인하대학교 체육교육과, 중앙대학교 체육교육과, 이화여자대학교 체육과학부 등이 있다. 학생부종합전형은 실기 고사가 없는 것이 특징이다. 종종 학생부종합전형에 실기 고사가 있냐고 물어보는 학생들이 많은데, 걱정할 필요가 없다. 학생부종합전형은 적정수준의 내신 3등급 내외에 준수한 학교생활을 했다면 누구든지 소신 지원할 수 있다.

- 교과우수자전형

경기실적은 미반영하며, 특별한 지원 자격 없이 실기 고사와 서류평가를 보지 않는다면 모두 교과우수자전형에 해당한다. 이 교과우수자전형은 교과 100%로 평가하거나 위덕대, 동서대와 같이 면접을 보는 경우가 있다. 유의사항은 전형명으로만 전형을 파악해서는 안 된다. 한국체육대학교 수시전형은 교과우수자전형이라는 명칭을 사용하지만 실기 고사도 함께 평가한다(물론 교과 변별력이 높지만, 실기도 중요하다).

교과우수자전형은 차의과대, 부산외대, 대구한의대 등 여러 대학에서 진행한다. 하지만 주요 대학에서는 대부분 교과 전형을 선호하지 않아서, 교과우수자전형이지만 5~6등급의 낮은 내신 등급으로도 소신 지원이 가능한 대학이 많다.

- 논술전형

체대 입시에서도 논술전형이 있다. 논술 문제 출제형식은 일반 인문계 전형의 문제와 동일하다. 주로 교과(내신)과 논술점수로 평가한다. 체대 입시에서 논술전형은 가천대학교, 고려대(세종), 한국외국어대, 경희대학교 단 네 군데만 진행한다. 논술전형은 향후 진행될 대입 기조로 인해서 축소되고 있는 상황이다. 평소 뛰어난 글쏨씨가 있는 학생들의 경우 1, 2장의 카드를 논술전형 지원을 추천한다.

수시전형은 정시전형에 비해 다소 전형 방법이나 종류가 다양하고 복잡하다. 하지만 수시전형를 정확하게 파악하고 대비한다면 하나의 무기로 만들 수 있다. 무작정 난 수시에 지원할 대학이 없어. 이렇게 생각하지 말고 객관적으로 자신을 분석해보길 바란다. 한 번도 생각하지 못한 전형 요소가 목표대학을 합격으로 안내할 수 있다. 그 행운도 노력하는 자에게 오는 것임을 잊지 말자.

정시전형 파헤치기

다소 복잡할 수 있는 수시전형에 비해서 정시전형은 단순한 편이다. 미리 앞서 소개한 것처럼 정시전형은 가/나/다 군별로 한 개씩, 최대 세 군데의 대학까지 지원할 수 있다. 이번 장에서는 체대입시 정시전형을 구분해보고 그 특징을 소개한다.

특기자전형

특기자전형은 대부분 수시에서만 선발한다. 그런데 예외로 경희대학교 스포츠지도학과의 경우 지원 자격으로 경기실적을 반영한다. 그렇다고 점수화되어 반영하는 것은 아니다. 이 외에는 체대 입시의 정시에서는 특기자전형이 없다고 생각하면 된다.

특별전형

정시전형도 수시전형과 마찬가지로 특별전형이 있다. 하지만 수시전형만큼 다양한 기준으로 모집하지 않는다. 대표적인 지원 자격 조건으로는 '농어촌학생, 국가보훈대상자, 사회배려대상자,

지역인재, 특성화고 졸업자'가 있다.

정시전형의 특별전형은 대부분 한국체육대학교에서 모집한다. 학과별로 국가보훈/농어촌/사회배려대상자 전형으로 다양하게 선발한다. 그 외에 특별전형으로는 연세대, 백석대, 중부대, 한국해양대, 백석대 등에서 모집하고 있다.

일반전형

체대 입시의 정시전형은 대부분 인원을 일반전형으로 선발한다. 2023학년도 기준, 정시 정원의 95% 이상이 일반전형으로 선발한다. 정시 일반전형은 어떤 식으로 선발하는지 알아보자.

- 실기전형

실기전형은 전형요소 중에 실기 고사를 평가한다. 그런데 왜 수시는 실기우수자전형이고, 정시는 그냥 실기전형일까? 정시는 수시보다 실기변별력이 아주 높지 않기 때문이다. 수능과 실기의 밸런스를 잘 맞춰야 합격 가능한 전형이다. 대학에서는 단국대학교 체육교육과 같이 '수능위주전형'이라 하는 경우가 있어서 혼동하기 쉽다. 또한 '실기/실적' 전형이라고 해서 실적을 반영하지 않는다. 정시전형이라도 무조건 수능을 평가하는 것은 아니다. 2023학년도부터 동국대학교 스포츠과학과는 '내신+실기'로 변경했다.

그 외에 대구예술대, 신라대, 전주대 등에서 내신과 실기로만 선발하고 있다. 유의사항은 다단계전형을 시행하는 실기전형이다. 1단계에서 수능으로만 실기대상자를 선발하고 최종적으로 실기 고사를 평가한다. 1단계에서 패스하지 못하면 실기조차 볼 수 없으니, 지원에 유의해야 한다. 대표적인 대학으로 서울대학교 체육교육과, 이화여자대학교 체육과학부, 서울과학기술대학교 스포츠과학과, 충남대학교 체육교육과 등이 있다.

- 수능전형

실기 고사를 반영하지 않는다면, 수능 위주의 전형이다. 보통 '비실기전형'으로도 한다. 아무래도 대부분 수능 100% 전형이기 때문에, 체대 입시를 준비한 학생 외에 인문/자연계 학생들도 지원할 수 있다. 그래서 입시 결과가 상당히 높다. 대표적으로 한양대학교 스포츠매니지먼트전공(전, 스포츠산업학과), 경희대학교 체육학과/스포츠의학과 전형이 있다. 유의사항으로는 실기전형을 시행하는 대학 중에서 수능전형도 같이 시행하는 경우가 있다. 대표적으로 서울과학기술대학교 스포츠과학과 수능100 전형과 한국체육대학교 스포츠청소년지도학과가 있다. 부상으로 인해 실기를 수행하지 못하는 경우, 수능전형이 한 좋은 방법이 될 수 있다. 다만, 모집인원이 적어 변수가 많다.

- 서류전형

정시전형 중에서도 유일하게 서류평가를 반영하는 대학이 있다. 바로 중앙대학교 체육교육과가 그 주인공이다. 중앙대학교 체육교육과는 수시와 정시 모두 서류평가로 학생을 선발한다. 예전에는 높은 실기변별력으로 유명한 인 서울권 체육교육과였는데, 지금은 실기 고사 대신 서류평가가 그 자리를 대신하고 있다. 그렇다고 걱정할 필요는 없다. 정시에서 중앙대학교 체육교육과의 서류평가는 변별력이 그리 높은 편은 아니다. 고려대학교 체육교육과 지원자 중 수능 상위 20% 이내라면, 무난하게 중앙대학교 체육교육과 서류전형에서 합격 가능하다.

- 내신전형

수시전형은 아니지만, 정시에서 내신으로만 평가하는 전형도 있다. 중부대학교 레저스포츠학전공/스포츠건강관리학전공에서 내신으로 선발한다. 내신전형이지만 다소 낮은 내신 등급으로도 소신 지원이 가능하다. 체대 입시 정시전형에서 내신으로만 선발하는 대학/학과는 다양하지 않아, 적극적으로 추천하지 않는다.

정시전형은 수능 + 실기전형으로 대부분 선발한다. 수시전형의 실기우수자전형 정도의 높은 실기 능력이 아니더라도 좋다. 서류전형이나 내신전형 같은 특수한 전형이 있기는 하나, 정시전형을 목표로 하는 학생들은 적정수준의 수능점수와 실기 능력을 겸비하여 안정적으로 준비하는 것을 적극적으로 권한다.

우리의 올바른 입시 준비 방향

정시로 합격하는 학생들은 수시로 갈 대학이 없어서, 정시로 대학을 간 것일까? 아니면 수시로 합격한 학생들은 수시밖에 답이 없었을까? 일부 그러한 학생이 있었겠지만, 결론적으로는 아니다. 특히 수시로 합격한 학생들의 경우는 정시로도 충분히 진학할 수 있었지만, 수시에서도 충분히 만족하는 대학이 있었기 때문에 합격한 것이다. 정시로 합격한 학생들은 수시전형 대학 중에 만족할 만한 대학이 없었거나, 수시로 갈 수 있었지만, 더 안정적으로 정시를 택한 것뿐이다. 즉, 합격한 학생들은 수시든 정시든 전형 방법에 상관없이 충분히 합격할 수 있는 경쟁력을 갖추고 있었다.

이화여자대학교 체육과학부의 수시 학생부종합전형은 최종합격자 발표를 수능 후에 한다. 수능 최저학력기준을 반영하기 때문이다. 예를 들어 수시합격을 기대하고 정시 준비를 소홀히 하는 A 집단과 수시는 잠시 마음에서 접어두고 정시에 최선을 다하는 B 집단이 있다면 수능 후 시즌 기간에 정시를 위한 실기를 준비하는 자세도 다르다. A 집단의 경우는 적당히 하고 넘어가는 모습을 보이지만, B 집단은 수시와 상관없이 정시 실기 고사 준비에 최선을 다한다.

이러한 상황 속에서 수능 성적표 발표되고 2, 3일 뒤 수시 최종 합격자 발표 날의 결과는 어떠할까? B 집단의 입시 결과가 더 좋다. 오히려 B 집단의 경우, 연, 고대까지 노리고 준비하다가 이화여대에 합격하여 아쉬움을 토로하는 학생도 있다. 그러나 A 집단의 상황은 다르다. A 집단 중 불합격한 학생들은 발등에 불이 떨어졌으니 이제라도 열심히 준비해보려고 했지만, 이미 실기 고사는 눈앞에 다가와 있다. 그래서 정시 불합격으로 이어지는 경우가 대부분이다. 전형 순서를 보면, 수시전형 후에 정시전형을 치른다. 즉, 최종 관문인 정시전형을 중점으로 대비하면서, 수시전형을 병행해나가는 것이 가장 안정적인 입시 준비 방향이다. 정시까지 최선을 다해서 준비하는 학생들이 수시진학률도 높다.

수시냐, 정시냐의 문제를 따지기 전에 '나는 정말 최선을 다하고 있는가?'를 여러분께 묻고 싶다. 그리고 '피할 수 있다면 피해라' 의 심리가 깊숙이 마음속에 있는 건 아닌가 진지하게 생각해 보길 바란다. 그렇다면 분명 여러분에게 가장 유리하고, 효율적인 전형 방법을 찾을 수 있다.

5. 특기자전형 바로 알기

서울대학교 체육교육과는 수시전형에서 일반전형과 지역균형선발전형을 선발한다. 지역균형선발전형이 일반적인 학생부종합전형인 일반전형이다. 그렇다면 전형 명칭의 일반전형은 사실상 특기자전형이다. 실제로 선발되는 학생들은 지원 종목에서 경기 실적이 있거나, 그에 준하는 활동이 있어야 한다.

예를 들어 국가대표나 청소년대표, 상비군을 역임한 경력이 있다면 지원할 수 있다. 만약에 이러한 실적이 없다면 뛰어난 실기 능력이 있어서 종목평가에서 좋은 점수를 획득하면 된다. 그만큼 서울대학교 체육교육과 수시 일반전형은 사실상 전문적인 운동을 하지 않은 학생이라면 지원할 수가 없다. 일반학생이 서울대학교 체육교육과에 수시전형으로 지원하고 싶다면, 지역균형선발전형을 노려야 한다. 지역균형선발전형의 지원 자격은 해당연도 졸업 예정자만 참여 가능하며, 학교장추천이 있어야 한다.

학교 친구들도 인정하는 운동 실력

부모님 마음속에서는 내 아이가 국가대표 같을 것이다. 그만큼 운동을 잘하고, 운동할 때만큼은 아이의 잠재력이 가장 잘 드러난다고 느껴지기 때문이다. 실제로 학교에서 친구들에게도 운동을 제일 잘한다고 인정받으면 실제로 그 종목에서 정말 뛰어난 능력이 있다고 판단할 수 있다. 그렇다고 해서 특기자전형을 지원할 수가 있을까? 당연히 아니다. 농구, 축구, 육상 등 전공 실기를 평가할 때는 다음과 같이 나뉜다.

A : 선수 수준의 능력
B : 상비군, 아마추어 선수 수준의 능력
C : 학교 대표 수준의 능력

이 정도로 분류하는데, 우리 아이는 C 정도의 능력이지, 전문적인 훈련을 한 A나 B 정도의 수준이 아니다. 결론적으로 특기자전형은 절대 일반적인 고교생활을 해온 체대 입시 준비생이 지원할 수가 없다. 그렇다면 어떠한 학생들이 특기자전형에 선발되는 것일까?

특기자전형의 선발기준

먼저 특기자전형으로 모집하는 가장 대표적인 대학으로 한국체육대학교가 있다. 한국체육대학교는 특기자전형으로 체육학과에서 132명(2022학년도 기준)을 선발하는데, 지원 자격은 다음과 같다.

> 우리 대학교에서 모집하는 종목 중 아래 각호의 1)에 해당하는 자. 단, 고등학교를 졸업한 후의 실적은 현재 국가대표선수이거나 우리 대학교에서 인정하는 국제 규모대회 3위 이내 입상자에 한함. ※ 한국도핑방지위원회의 도핑방지 규정 위반으로 제재를 받은(을) 자는 입학이 취소될 수 있음
>
> 1) 국가대표선수 또는 국가대표 후보선수(골프 상비군 포함)(1개월 이상의 경력)
> 2) 고등학교 재학 중 우리 대학교에서 인정하는 권위 있는 국제 규모대회 3위 이내 입상자.
> 3) 대한체육회에서 인정하는 전국규모대회 또는 전국 체육 고등학교 때 회에서 2위 이상 입상한 성적이 있거나, 3위 이내 2회 이상 입상자.

위의 지원 자격의 학생 중에서 경기실적이 뛰어난 학생들이 선발되는 것이다. 예를 들어 3) 항에 속한 특정 종목 전국대회 3위의 학생이 지원했다면, 1, 2위 학생들이 지원하지 않았다면 합격하는 것이다. 만약 1, 2위 학생들이 지원했다면 3위의 학생은 불합격이다. 학교생활기록부가 10%가 반영되지만, 변별력이 없다. 그렇기

에 특기자전형의 합/불은 곧 상장 순위에 따라 나뉜다. 이미 원서 접수 전에 주요 대학의 특기자전형은 합격자를 알 수 있고, 상위 순위의 학생들이 어느 대학에 지원하는지 알아내는 것이 중요한 정보가 될 수 있다.

플랜 B를 설정하라

나는 야구로 아주 유명한 고등학교를 졸업했다. 그래서 아주 완벽히 잘하는 S급 선수의 경우는 모 기업으로 가거나 드래프트를 통해 타 구단이 선발해 갔다. 실적이 없거나 부상당한 선수(학생)들은 뒤늦게 대학의 문을 두드려 보지만, 고3 여름방학이 지난 시점이라면 늦은 경우가 많다. 그래서 엘리트 체육을 하는 학생들은 어렵더라도 경기실적이 없을 것을 대비해 플랜 B를 계획해야 한다. 진로 변경, 부상, 안 좋은 운동부 문화 등 다양한 이유로 운동선수를 그만둔 학생들을 위해 다음의 제안을 기억하자.

첫 번째, 아무리 힘들어도 내신 관리를 하라. 특히 체육고등학교 학생들은 전반적으로 학교 내신에 대해서 관리를 안 하는 편이다. 그래서 조금만 준비하면 낮은 원점수라도, 높은 등급을 받을 수 있다. 그렇게 내신 관리만 잘해도 충분히 좋은 전략을 세울 수가 있다. 실제로 체고 출신 중에, 수시 일반전형으로 동국대학교, 경희대학교, 한국외국어대학교, 서울시립대 등에 진학한 사례가 너무 많다. 체고 1등급이라도 1등급이다. 내신 외에도 수능도 준비하면 너무 좋지만, 수능 관리까지는 선택에 맡긴다.

　두 번째, 체대 입시 실기를 주 1회 정도 병행하라. 물론 아주 어려운 선택이다. 나의 주 종목만 하기도 정신없을 텐데 다른 실기 종목을 하라니 너무 힘들 것이다. 학생운동선수들은 일반 학생들보다 피지컬이 좋으므로 조금만 기술적인 것을 배우면 금방 기록을 낼 수 있다. 하지만 갑자기 농구선수에게 축구 경기를 하라면 안되고 축구선수에게 농구 경기를 하라고 하면 못한다. 이미 그러한 사례는 JTBC 예능프로그램인 '뭉쳐야찬다'에서 확인했다. 높이뛰기, 체조, 구기 종목을 체대 입시에 맞춰서 미리 배워 놓는다면 나중에 플랜 B를 선택하게 될 때 아주 유리하게 써먹을 수 있다.

　특기자전형에 대해서 주요 내용을 정리해서 소개해 드렸다. 안타깝게도 현장에서는 특기자전형에 대해서 오해하거나 잘못된 정보로 인식하는 경우가 많다. 이러한 특기자전형을 정확하게 파악하고 선택과 집중할 수 있는 계기를 만들기를 기대한다. 그리고 모든 학생 선수가 부상 없이 원하는 목표에 다가가길 멀리서 응원한다.

6. 수능과 실기, 뭐부터 준비해야 하나

체대 입시에서 정말 빼놓을 수 없는 전형 요소는 실기다. 이 실기라는 것을 바라보는 부모님과 학생의 온도 차는 극명하게 다르다. 합격을 위해서 수능이 물론 중요하다. 그리고 실기도 만만치 않게 중요하다. 나는 어떤 전형 요소의 중요함을 논하는 데 있어서 다른 관점으로 이야기하고자 한다.

실기는 필연이다

체대 입시생을 왜 체대 입시생이라 부를까? 바로 실기를 준비하기 때문이다. 실기를 준비하지 않으면 체대 입시생이 아니다. 비록 실기가 없는 체육 관련 학과를 목표하는 학생도 체대 입시생이겠지만, 이 논제에서 제외하겠다. 정시전형 기준으로 스물여섯 군데 대학 체육교육과 중에 단 한 군데의 대학을 제외하고 모두 실기 고사를 치른다. 서울대학교 체육교육과는 실기 고사 종목 수를 기존 다섯 종목에서 한 종목 더 늘렸다. 체육대학을 최종 합격하기 위해서는 이 실기 고사를 반드시 준비해야 한다. 이 실기 고사를 대비할 각오로 이 체대 입시의 세계로 뛰어든 것이다. 이렇게 중요한 자리를 차지하는 실기(준비)를 준비해야 하느냐, 마느냐를 고민하는 것 자체가 오류다. 그렇다면 언제부터 준비해야 할까? 준비의 골든타임과 데드라인은 언제일까? 고민할 때 당장 시작하는 것이 가장 유리하다. 고민하는 시기만큼 조금씩 합격률이 감소하고 있다고 생각해야 한다. 당연한 이 공식을 알면서도 왜 실기 준비 시기를 고민하게 되는 걸까?

실기 준비 = 성적하락?

학부모 입장에서는 자녀들이 실기 준비를 시작하면 여러 가지 고민부터 앞선다. 먼저 실기를 준비하는 객관적인 시간만큼 수능이나 내신 관리 시간을 확보할 수 없다고 판단한다. 그렇기에 가급적 성적을 먼저 올리고 실기를 시작하는 준비 방향을 세우게 된다. 하지만 자녀들의 성적은 기대만큼 빠르게 오르지 않는다. 만족할 만한 성적이 어느 정도인지는 모르겠지만, 설사 성적이 올랐다 하더라도 최대한 실기 준비 시기를 연기한다. 체대 입시 준비 시기의 한계선을 고3 6월 모의고사 전후로 누가 정했는지는 모르겠다. 그래서인지 최대한 고3 6월이 될 때까지 실기 준비 시기를 최대한 늦추게 된다. 다른 측면에서는 실기 준비하는 것 자체만으로 학업을 소홀하게 될 것이라는 막연한 걱정도 있다. 체대 입시학원 친구에게 좋지 않은 영향을 받을 수 있다고 말이다.

이러한 부모님의 걱정이 이해는 된다. 실제로 실기를 준비하기 위해서 체대 입시학원을 등록했을 때, 학업성적이 떨어지는 경우도 있기 때문이다. 아니면 학업을 소홀히 하게 되는 경우도 있다. 이런 상황이 벌어지는 것을 주위에서 들어본 적이 있기에 당연히 자녀에 대한 고민을 안 할 수가 없다. 하지만 성적이 오르지 않거나 떨어지는 학생들은 왜 그런 것일까? 이유는 없다. 공부를 안 했기 때문이다. 성적이 오르지 않은 것은 공부를 그만큼 안 한 것뿐이다. 체대 입시학원에 다녀서 학업에 소홀한 것이 아니라 아이가 원래 다니기 전부터 학업에 소홀한 학생이었다. 정말 실기 준비를 한 학생들이 성적이 오르지 않거나 성적이 떨어지는 것이 맞다면, 전국에 합격한 학생들은 실기를 안 하고 수능만 준비한 인문/자연계 학생들이어야 한다.

체대 입시생의 숙명

체대 입시는 어렵다. 남들 공부할 때는 공부하고 남들 쉴 때는 실기 준비한다. 그리고 남들 잘 때 그 시간 아껴서 못다 한 공부를 해야 한다. 내신 기간에도 실기 준비는 멈출 수 없다. 중간에 멈춘다면 예전으로 돌아가기 때문이다. 수능 후에도 매일 같이 실기훈련을 해야 한다. 이렇게나 어려운 길이다. 이것을 다 이겨낸 학생들이 목표대학에 합격하는 것이다. 그래서 이 과정을 도전하고 견디는 학생들이 너무나 대단하게 느껴진다. 또 이 체대 입시의 길을 묵묵히 걸어가고 있는 우리 자녀들에게 부모님도 격한 응원을 해줬으면 한다.

수능과 실기, 이 두 전형 요소의 우선순위를 생각 말라. 수능 vs 실기, 이 논제 대한 확고한 답을 듣기 위해서 이 책을 읽고 계신 독자는 다소 아쉬운 답변이라 생각할 수 있다. 전국에 SKY 체육교육과를 목표로 하는 체대 입시생은 당연히 현재도 실기 준비를 하고 있다. 혹시 지금 성적이 다소 목표대학을 지원하기 위한 등급에 못 미치더라도 경쟁해야 한다. 단순히 성적을 올리는 것이 목표가 아니다. 본인의 점수가 부족하다고 라이벌이 실기 준비할 때 실기는 내버려두고 수능에만 매진하면 안 된다. 라이벌이 준비하는 모든 것에 대비하면서 살을 깎는 고통으로 학업을 같이 준비해야 한다.

사당오락(四當五落), 네 시간을 자면서 공부하면 합격이고, 다섯 시간을 자면서 하면 불합격이라는 뜻이다. 나는 이 말의 의미를 전적으로 동의한다. 체대 입시생은 실기 준비한 시간을 어떻게든 확보해야 한다. 실기 준비 때문에 '성적이 안 올랐어' 이런 이야기가 안 나오게 말이다. 수능과 실기 중에 어느 것이 먼저냐는 이제 더 이상 논할 필요가 없다. 오히려 실기 준비 이후에 더 열정적인 모습을 보여 성적이 올랐다면 이런 이야기가 나올 것이다.

"실기 준비는 곧 성적 향상이다."

7. 실기 준비 시작의 시기

"실기는 언제부터 준비해야 할까요?"

이 질문은 체대 입시 관련 질문 중에서 "이 대학 지원하려면 몇 등급이 되어야 할까요?" 만큼 자주 나오는 단골 주제다. 그만큼 실기 고사를 준비하는 시기는 언제부터인가에 따라서 합격에 중대한 영향을 미치는 만큼 상당히 중요하다. 생각보다 그 답은 아주 간단하다. 목표하는 실기전형 대학의 모집유형과 전형 방법에 따라서 다르다. 실기 고사를 반영하는 대표적인 두 전형인 '수시의 실기우수자전형'과 '정시의 실기전형'으로 나누어 알아보자.

수시 실기우수자전형

수시 실기우수자전형은 실기변별력이 절대적이다. 전형명대로 실기를 우수하게 잘해야 합격할 수 있는 전형이다. 운동 능력이 좋은 학생이라도 1년 이내의 실기 준비 기간으로는 안정적인 준비가 될 수 없다. 특히 목표대학이 동국대학교 체육교육과, 한양대학교 스포츠과학부, 가천대학교 체육전공, 건국대학교 스포츠건강학과 같은 실기변별력이 높은 대학이라면 2년 이상, 주 3회 정도 제대로 준비하는 것을 권한다. 사실상 고3 6월 모의고사가 끝난 시점이라 면, 9월 말에서 10월 초에 있는 실기 고사의 평가 종목에서 이미 만점이 나오고 있어야 한다.

추천 시작 시기로, 고등학교 1학년 겨울방학 시점 또는 2학년 3 월 신학기 정도를 권한다. 하지만 중학교 때부터 더 빠르게 시작한 다고 하여 합격률이 상승하는 것은 아니다. 1년 정도 실기 준비했 을 때, 실기 능력이 극상위권으로 오르기 어려운 피지컬이라는 것 을 판단할 수 있다. 그렇게 되면, 수시 실기우수자전형으로 진학할 지 정시 실기전형으로 진학할지 입시 전략을 세우는 것에 빠른 판 단을 할 수 있다. 간혹 실기우수자전형에서 원하는 합격기록까지 도달하지 못하는 학생들도 있기 때문이다. 1년 정도 주 2~3회 정 도 꾸준히 준비했을 때, 주요 종목에서 기록이 다음보다 낮다면,

| 실기 준비 1년 이상 기준, 실기우수자전형 준비 마지노선 기록 |

	남학생	여학생
제자리멀리뛰기	260cm	210cm
배근력	150kg	100kg
메디신볼 던지기	8m	6.5m

실기우수자전형 지원을 진지하게 고려해야 한다. 유연성 관련 종목은 예외로 한다. 꾸준하게 준비하면, 유연성은 계속 향상된다.

하지만 언제까지나 실기기록 향상은 개인적인 차이가 있을 수 있으므로 정확한 사항은 전문가의 도움을 받아 지원 여부를 판단받아야 한다. 그래도 위 표의 기록 이하라면, 정시전형을 목표로 수능과 실기를 대비하는 것을 나는 권한다.

수시 실기 극상위권 학생들에게는 운동의 시기보다는 '운동강도'를 조절해야 한다. 이미 고3 정도 되었을 때, 남학생 기준 제자리멀리뛰기 3m 이상, 메디신볼 던지기 11m 이상, 유연성 30cm 이상 배근력 220kg 이상 되는, 즉 동국대학교 체육교육과 수시합격권 안에 들 수 있는 상황이라면 운동량을 너무 많이 가져가서는 안 된다. 과도한 훈련으로 인해 오히려 부상당할 수 있으니, 근육을 언제든지 최상의 컨디션을 유지할 수 있도록 대비해야 한다.

정시 실기전형

정시 실기전형은 조금 다르게 접근해야 한다. 학업 계획에 잘 세워졌다는 전제하에 실기 고사 준비 기간을 고민해야 한다. 단순히 학업 계획 없이 체대 입시학원을 언제 등록해야 할까 고민만 하고 있다면 사실상 학업을 소홀하게 될 확률이 높다. 학부모의 고민이 여기서부터 시작되는 것이다. 공부도 제대로 안 한 아이가 실기준비한다고 실기학원까지 다니면 더 공부를 안 할 것이 눈에 선하기 때문이다. 계속 강조하지만 실기 준비를 해서 성적이 안 오르는 것이 아니라 단순히 아이가 공부를 안 하는 것뿐이다.

그렇다면 매년 1월 중순부터 시작하는 정시 실기 고사를 위해서 언제부터 준비하는 것이 가장 좋을까? 적정 준비 기간은 1년 정도 이상으로 보나, 준비 시작 시기에 따라서 더 디테일하게 접근하는 것이 좋다. 만약 고 1~2부터 시작했다면, 고3 전까지는 기능실기 위주로 주1~2회 정도 대비하는 것이 좋다. 고3 초부터 시작했다면 주 1회는 기능실기를 꼭 수업커리큘럼에 넣었으면 한다. 당연히 기초실기를 위한 기초체력은 잘 준비해야 한다는 가정에 말이다.

종합적으로 볼 때, 정시전형을 위한 가장 좋은 시기는 고등학교 2학년 2학기 중간고사가 끝나는 시점이다. 어느 정도 시간적 여유도 있고, 그전까지 학업 계획도 잘 세워서 준비해온 적당한 시기라고 판단된다. 절대적이지는 않지만, 고3 6월 모의고사 전에는 시작하고 있어야 한다. 수능 전에 정시전형에서 원하는 준수한 실기 능력을 갖추는 것을 목표로 하면 된다. 수능 후에는 실기 능력을 올리기보다는 유지 또는 관리하는 것이 좋기 때문이다.

학생부종합전형은?

나는 학생부종합전형에 올인하는 전략을 세우고 있는 학생들은 과감히 실기를 준비하지 않아도 된다. 하지만 실기를 준비하지 않아도 되는 학생들은 학종전형을 포함한 논술이나 교과전형 등의 수시전형에서 합격할 확률이 매우 높은 학생에게 한정한다. 전 과목 내신 등급이 1등급 이상과 학교생활을 다양하게 충실히 이행했어야 한다. 학종으로 무조건 합격할 것 같다면, 정시전형 실기 준비 정도의 계획을 세우는 것이 좋다. 차후 수시 학종에서 불합격했을 경우를 감안했을 때 정시 실기전형을 대비해야 한다.

　실기 고사 준비는 빠르면 빠를수록 좋다. 하지만 언제까지나 우리의 목표는 실기 능력을 올리는 것이 아니라 목표대학 합격임을 잊지 말아야 한다. 실기를 준비하면서 학업을 소홀히 한다면 실기 준비하는 의미가 없다. 어차피 우리는 체대 입시 실기 고사를 위해서 체대 입시학원을 등록할 것이다. 그 시기에 부모님이 이런 말을 한다면 이미 반은 성공한 것이다.

　"입시학원 다니더니, 공부도 열심히 하네? 우리 아들내미(딸내미)~ 장하다!"

8. 기초적인 신체 능력을 평가하는 기초실기

체대 입시 실기 고사는 학생의 신체 능력을 다방면으로 평가한다. 신체 능력평가에는 근력, 순발력, 심폐/근 지구력, 주력, 신체 조정력, 유연성, 민첩성, 협응성 등이 있다. 이런 평가 요소를 각 대학에서는 다양한 방법으로 객관화한다. 이 중 기본적인 신체 능력을 평가하기 위한 실기 고사 종목을 '기초실기 종목'이라 한다.

기초실기는 협응성이 아예 배제되는 것은 아니나 주로 근력, 순발력, 유연성, 주력 등을 중점적으로 평가한다. 그렇기에 운동감각이나, 훈련 경험이 전혀 없어도 후천적으로 훈련을 통해서 좋은 기록을 만들어 낼 수 있다. 물론 개인적인 차이가 있을 수 있지만, 최소 6개월에서 1년 이상 주 2회 이상 꾸준하게 훈련하면 만점이 가능하다. 반대로 생각하면 기초실기 종목은 단기간에 끌어올리기 어렵다. 단기간에 무리하게 훈련하면 자칫 부상당할 수 있다. 그렇기에, 안정적인 대비가 중요하다. 이번 장에서는 이러한 대표적

인 기초실기 종목의 특징과 유의사항에 대해서 알아보도록 하자

제자리멀리뛰기

제자리멀리뛰기(Standing broad jump)는 국내 체육대학에서 실기고사 평가 종목으로 가장 많이 채택하고 있다. 아무래도 좁은 공간에서 가장 간편하게 측정할 수 있어서 대학에서 선호하는 편이다.

기본적으로 '하체 순발력'을 테스트한다. 보통 만점 기록은 남학생은 280~290cm이며, 여학생은 225~235cm이다. 유의사항으로는 1~2cm가 더 나오려고 '오버 퍼포먼스'를 하다가 파울로 직결되는 경우가 너무 많다. 파울의 발생 원인이 외부적인 요인보다는 내부에서 발생한다. 10회 기록 측정하여, 8~9회 나올 수 있는 안정적인 기록으로 대학의 지원 여부를 결정하는 것을 추천한다. 간혹 한국체육대학교와 같이 센서 장비가 아닌 일반 고무판에서 실시하는 경우도 있으니, 여러 환경에서도 자신의 기록이 안정적으로 나오는지 점검해야 한다.

윗몸일으키기

윗몸일으키기는 제자리멀리뛰기와 같이 많이 채택하는 종목 중 하나이다. 일명 '싯업(sit-up)'이라고 부른다. 윗몸일으키기는 보통 1분을 기준으로 평가한다. 단, 한국체육대학교같이 2분 동안 치루

는 경우도 있어서 반드시 측정 시간을 체크해야 한다. 윗몸일으키기는 '근지구력'을 테스트한다. 하지만 1분 동안 얼마나 많이 해야 하느냐가 중요하므로 사실상 '민첩성' 테스트에 가깝다. 만점은 1분 기준으로 남학생 기준 70회, 여학생 기준 65회 정도다.

유의사항은 윗몸일으키기는 타 종목보다 개수를 더 올리기 위한 여러 가지 편법(부정행위)이 존재하지만, 정석으로 훈련하는 것을 추천한다. 요즘은 센서 장비로 측정하지만, 따로 부정행위를 잡아내는 전문 진행요원을 배치한다. 대표적으로 건국대학교 체육교육과는 윗몸일으키기 파울을 많이 잡는 것으로 유명하다. 70회 하고 10회 파울 당해서 60회로 되는 것보다 안정적으로 파울 없이 65회 하는 것이 좋다. 부상도 조심해야 한다. 사실 윗몸일으키기는 허리에 안 좋은 운동이다. 그래서 훈련 중에 허리 관련 부상이 가장 많은 종목이기도 하다. 단기간 내에 기록을 향상하려고 무리하기보다는 장기간 점진적으로 개수를 올리기 위한 훈련하는 것을 적극적으로 추천한다.

요즘은 코로나 시국으로 윗몸일으키기를 한시적으로 폐지하거나 타 종목으로 대체하는 경우들이 있으나, 건국대학교 체육교육과, 한국체육대학교 전체학과, 서울과학기술대학교 스포츠과학과 등의 주요 대학에서 실시하고 있으니 잘 대비하면 유리하다.

좌전굴/체전굴(유연성)

좌전굴과 체전굴, 이 두 종목은 측정 방식 차이로 구분된다. 좌전굴은 앉아서 측정하고 체전굴은 서서 측정한다. 어려운 한자 용어로 되어 있어 간혹 어떤 종목인지 모르는 경우가 있지만, '유연성(flexibility)' 테스트의 일종이다. 만점 기록은 좌전굴 기준, 남학생 30cm, 여학생 32cm이다. 체전굴 만점은 좌전굴보다 조금 낮다. 남학생 28cm, 여학생 30cm이다. 보통 학생들은 좌전굴/체전굴 종목을 기피한다. 훈련의 과정이 고통스럽기 때문이다. 선천적으로 유연성이 안 나오는 경우도 있으니 참고하자.

유의사항으로는 타 종목과 비교하면 심각한 부상으로 이어질 수 있다는 점이다. 유연성을 늘리기 위해서 무리하게 외부자극을 주었다가 허벅지 뒤 근육인 '햄스트링' 부상(Hamstring injury)으로 이어진다. 충분한 스트레칭과 안전한 환경에서 훈련하는 것이 부상 가능성을 최소화하는 최선의 방법이다. 좌전굴 종목의 경우, 부정행위의 기준이 학교마다 다르기 때문에 실기장 상황을 잘 파악하면 자신의 기록보다 더 잘 나오는 경우도 있다. 너무 긴장하지 말고 여유 있게 스트레칭하면서 파울 기준을 잘 파악하자.

달리기

달리기는 '주력'을 평가한다. 하지만 체육대학별 실기장 환경으로 인해서 시행 방법과 측정 거리로 종목을 구분한다. 측정 방식으로는 일반런, 왕복런, 십자런, 부메랑런, 지그재그런, Z런으로 구분한다. 일반런의 측정 거리 기준으로 50m / 80m / 100m로 나누며, 왕복런의 거리로는 10m / 20m / 25m 기준으로 종목을 구분한다. 지역적으로는 서울 수도권은 지그재그런, 부산/경남권은 Z런으로 평가한다. 기초체력 평가에서 역시 달리기는 뺄 수가 없다. 그래서 체대 입시 실기 고사에서는 이 주력 관련 테스트는 반드시 채택하고 있다. 측정 방식이 비교적 간단하고 특별한 파울 기준이 없어서 가장 객관적인 테스트다.

유의사항으로는 같은 거리의 왕복달리기라도 학교마다 측정 방법이 다르다. 심지어 모집 요강에서 설명하는 측정 방식과 현장에서 시행하는 측정 방식이 다른 경우도 있다. 모집 요강만 절대로 믿고 있으면 안 된다. 그리하여 지난해 실기장 후기 등을 세밀하게 파악하여 예상하지 못하는 상황에 대비해야 한다. 또한 주력 테스트는 외부환경이 기록에 상당한 영향을 미친다. 특히 바닥 상태나 감독관의 측정 스타일에 따라서 기록의 차이가 발생하므로 안정적인 스타트(start), 턴(turn), 피니시(finish) 연습을 해야 한다. 대표적으로 서울대학교 체육교육과는 100m 달리기 종목이 있다. 심지어 100m를 다 뛰고 나서 피니시 지점에 들어 왔을 경우 파울이다. 예측 출발을 위한 불필요한 스타트 동작은 감독관을 민감하게 만들어 측정에 부정적인 영향을 미칠 수 있다. 그리고 과도한 턴 동작으로 인해 반환점 기둥을 건들거나 넘어뜨리면 실격처리 되므로 유의해야 한다.

배근력

보통 배근력 할 때의 '배'를 복부의 배(abdomen)로 인식할 수가 있으나 그렇지 않다. 배근력(back strength)은 몸통의 중심을 이루고 있는 등 쪽의 근육들이 내는 힘을 평가하는 대표적인 '근력' 테스트 다. 체육대학에서는 비교적 타 종목에 비해 저렴한 배근력 측정 장비만 있으면 좁은 장소에서도 손쉽게 측정할 수 있어서 많이 선호하는 종목이다. 만점기준은 남학생은 200kg, 여학생은 140kg이다. 선천적으로 배근력 종목을 잘하는 학생들도 있다. 반대로 마르고 덩치가 작은 학생들은 정말 노력해도 만점을 받기 어렵기도하니 목표대학 설정할 때 배근력이 있다면 신중히 고려해야 한다.

유의사항으로는 배근력 측정 장비 컨디션에 따라서 기록에 영향을 미친다는 점이다. 배근력 측정 장비는 '측정 손잡이'와 '측정

| 배근력 측정 장비 |

바디'로 이루어져 있는데, 측정 손잡이가 제대로 고정되어 있지 않아 돌아가는 경우가 발생하면 바로 기록 저하로 이어진다. 그리고 배근력 기계가 새것일수록 기록이 평소보다 낮게 측정되기도 한다. 그 외에 손바닥에 땀이 많이 나는 학생들은 괜한 오해를 살 수 있다. 동국대학교 체육교육과의 배근력 평가는 엄격한 손바닥 검사로 유명하다. 특히 손바닥에 땀이 많은 학생은 이물질을 바른 것으로 판단할 수 있다. 만약 이물질을 바른 것으로 판단하면 동국대의 경우는 샴푸를 활용하여 몇 번이고 화장실에서 손을 닦고 측정해야 한다. 사실 샴푸가 손을 더 미끄럽게 만드는 경우가 많아 측정에 부정적인 영향을 미친다. 항시 어떠한 상황에서도 안정적인 기록을 나오게 연습하는 것이 중요하다.

공 던지기

제자리멀리뛰기가 하체 테스트의 대표라면, 공 던지기(Ball throwing)는 상체의 순발력과 근력을 평가하는 대표 종목이다. 공 던지기는 어떠한 공이냐에 따라서 종목을 구분한다. 대표적으로 메디신볼 / 핸드볼 / 농구공으로 구분한다. 측정 방식은 메디신볼 던지기와 농구공 던지기는 양손을 활용하여 머리 위에서 던지며, 핸드볼공 던지기의 경우만 한 손을 활용하여 던진다. 메디신볼(medicine ball)은 다소 생소할 수 있는데, 2~3kg 정도 되는 가죽공이다.

보통 근력 트레이닝 등의 운동 및 물리치료에서 사용되는 공인데, 체대 입시에서는 측정 도구로 사용하고 있다. 던지기 시험으로 핸드볼공 던지기가 가장 많았으나 최근에는 메디신볼 던지기를 많이 시행한다. 정시전형 실기 고사의 경우, 일정상 겨울이라 외부 환경에서 측정하니 어려움이 있었고 측정 방식을 간소화하려 했기 때문이다.

유의사항으로는 파울 기준이 엄격하다. 메디신볼 던지기의 경우 던지고 나서 발의 움직임도 파울 기준에 적용한다. 연세대학교 체육교육학과의 경우가 측정 후 공이 바닥에 떨어질 때까지 발바닥을 지면에 유지해야 한다. 또한, 실수에 따른 리스크가 너무 크다. 한 번의 실수가 불합격으로 이어진다. 핸드볼공 던지기의 경우 과도하게 동작을 크게 하면 공이 손에서 빠져나갈 수 있다. 서울대학교 체육교육과의 핸드볼공 던지기 측정의 경우 공이 손에서 빠져나와 측정범위에서 이탈하여 파울이 많이 나오므로 유의해야 한다.

이 외에도 사이드스텝, 엎드려손뼉치기, 턱걸이, 매달리기 등 다양한 기초실기 종목이 있다. 여러 가지 유의사항과 특징을 소개했지만, 가장 중요한 점은 언제까지나 안정적인 기록이 나올 수 있도록 준비하는 것이다. 그리고 정확한 시행 방법 및 파울 기준을 지난 실기장 후기 등을 통해 확인해야 한다. 그리고 항시 부상에 유의하면서 건강한 입시생활을 영위하길 바란다.

9. 복합적인 수행 능력을 평가하는 기능실기

기초실기 종목이 기초적인 신체 능력평가를 했다면 기능실기 종목은 복합적인 수행 능력을 평가하는 종목이다. 그렇다고 아예 순발력, 주력, 근력, 지구력 등의 기초능력평가를 배제한 것은 아니다. 기초능력평가 외에 협응성, 조정력 등을 포함하여 평가한다. 특히 주관적인 평가를 위해 수행 자세, 객관기록(슛 성공률, 측정기록) 등으로 완성도를 포함한다. 그렇기에 기능실기의 완벽한 수행을 위해서는 주 1회라도 좋으니 기초실기보다 장기간 꾸준하게 대비해야 한다. 기록도 중요하지만, 몸에 자연스럽게 습득하는 것이 더 중요하다. 그렇기에 기능실기는 실기변별력이 더 높다. 때로는 기초실기 능력이 부족하더라도 기능실기 능력이 뛰어나다면 극복이 가능하다. 대표적으로 건국대학교 체육교육과와 숙명여자대학교 체육교육과가 있다. 기능실기를 잘 대비하면 대학 선택도 폭넓게 할 수 있다. 그러한 기능실기에는 어떤 것이 있는지 알아보자.

높이뛰기

가장 대표적인 기능실기다. 보통 사범대학 체육교육과에서 높이뛰기 종목을 많이 채택하고 있다. 아무래도 높이뛰기는 임용고시를 볼 때 체육 실기고 사 종목으로도 보고 있어서 미리 능력을 평가하는 의미도 있다. 높이뛰기 시행방식으로는 대표적으로 배면뛰기(Fosbury Flop, 포스베리), 가위뛰기(Scissors jump)의 방법이 있다. 체대 입시에서는 가급적 배면뛰기로 연습해야 한다. 대학에 따라서는 기록뿐만 아니라 자세 평가도 하기 때문이다. 또한, 자세가 좋아야 기록도 잘 나오고 운동 역학상 가위뛰기보다 배면뛰기가 같은 신체조건이라면 기록이 더 잘 나올 수 있다.

높이뛰기의 만점 기록은 보통 남학생 160cm, 여학생은 130cm 정도다. 간혹 한국교원대학교 체육교육과 같이 170cm 만점으로 해놓은 경우도 있지만, 역대 만점자가 한 명 밖에 나오지 않았을 정도로 높다. 하지만 이 만점 기록에 너무 연연할 필요는 없다. 건국대학교 체육교육과는 자세 평가를 더 중요하게 평가하므로 150cm 정도로 뛰어도 완성도가 높다면 좋은 평가를 받을 수 있다. 실제로 150cm를 넘고도 합격한 사례가 많다. 그래서 높이뛰기 초보자의 경우, 기록보다는 기초부터 차근히 배워나가는 것을 권한다.

유의사항으로는 높이뛰기는 단기간에 완성하기가 어려운 종목이다. 고1, 2 때부터 근력운동 중심보다는 이러한 기능실기를 미리미리 배워둠으로써 체대 입시에 대한 흥미를 먼저 올리는 것이 중요하다. 처음부터 체력 훈련을 중심으로 배운 학생들보다 기능 실기부터 다양하게 배워본 학생들이 더 안정적으로 입시 준비 방향을 설계할 수 있다. 부상도 유의해야 한다. 높이뛰기는 안전한 실기훈련환경이 중요하다. 높이뛰기 전용 매트와 충분한 장소가 확보되어야 한다. 너무 협소한 장소에서 훈련하거나 착지 매트 크기가 작으면 큰 부상으로 이어질 수 있다.

핸드스프링

핸드스프링(handspring)은 기계체조 중 마루 운동의 일종이다. 체대 입시에서 시행하는 정확한 명칭은 '손 짚고 앞 돌기(front handspring)'며, 학생들 사이에서는 '핸스'라도 줄여 부르기도 한다. 핸드스프링이 시행 동작을 쉽게 설명해 드리면, 디테일한 자세는 다르지만, 덤블링을 생각하면 된다. 핸드스프링을 평가하는 객관적인 기준은 없다. 그래서 평가 기준은 언제까지나 교수님들의 주관 평가다. 건국대학교 체육교육과의 경우 높이뛰기를 다음의 기준으로 평가한다.

핸드스프링의 주요 평가 포인트는 어깨와 손의 위치, 시선 처리, 안정된 착지로 구분하면 쉽다. 이 외에 나는 핸드스프링이 꼭 내가 목표하는 대학에 들어가 있지 않더라도 배우는 것을 추천하는 편이다. 협응성, 조정력을 키우는데 핸드스프링만큼 좋은 종목이 없다. 그리고 핸드스프링을 혼자서 성공했을 때의 성취감은 학생들의 운동 동기부여를 극대화하는 데 가장 좋다.

유의사항은 역시나 부상에 유의해야 한다. 보통 숙련자보다는 초보자에게 더 부상이 많이 온다. 그렇기에 핸드스프링은 어느 종목보다도 기본기 훈련에 더 집중해야 한다. 처음부터 핸드스프링을 시도하기보다는 스트레칭, 구르기, 물구나무서기, 옆돌기 등부터 배워나가는 게 좋다. 꼭 필수는 아니지만, 이런 기본부터 만들어가면 실제 핸드스프링의 완성도를 올리는 데 도움이 된다.

높이뛰기와 마찬가지로 핸드스프링은 부상당하면 심각한 부상으로 연결되는 경우가 많다. 핸드스프링 훈련 시에는 항시 엄숙하고 진지한 분위기를 유지해야 한다. 절대 무리한 시도도 하면 안 된다. 너무 조급해하지 말고 하나하나 동작을 완성해 나가길 바란다.

구기 관련 종목

구기 관련 종목을 나는 기능실기로 판단한다. 자세 평가가 아니더라도 학생을 평가하는데 어떤 도구를 활용한다면 바로 '숙련도'가 따라오기 때문이다. 구기 관련 종목은 농구가 많다. 농구 레이업, 농구 골밑슛 등이 있다. 주관평가는 없더라도 성공 횟수를 객관 평가한다. 대표적으로 서울대학교 체육교육과, 고려대학교 체육교육과 등이 있다. 역시나 사범대학 체육교육과 중심으로 시행한다. 이 외에도 서울대 체육교육과는 축구 관련 실기도 평가한다. 유일하게 전국 체육교육과 중에서 농구와 축구 평가를 동시에

보는 학교가 바로 서울대학교다. 학업뿐 아니라 운동 능력도 겸비해야 한다.

유의사항으로는 '성공 횟수'에만 집중하면 안 된다. 레이업을 하는 동안 트래블링(traveling) 또는 같은 의미의 워킹을 범하면 개수에 포함되지 않는다. 안정적이고 정확한 자세로 연습하는 것이 중요하다. 고려대학교 체육교육과의 경우 2분 농구 레이업을 평가하는데, 남학생 기준 스물한 개가 만점이지만 스무 개를 넣어도 파울을 트래블링을 네 개나 범하면 최종 열여섯 개로 조정된다. 그러므로 파울 없이 열여덟 개에서 열아홉 개를 안정적으로 준비하는 것도 좋은 전략이 될 수 있다. 이 외에도 공이나 농구대 그물 컨디션이나 바닥 상태 등의 외부 요인에 따라서 시험 결과에 영향이 있으니 가급적 다양한 환경에서 훈련하는 것을 권한다.

전공 종목

전공 종목은 성공 횟수 같은 객관평가를 포함하거나 아예 주관적인 평가만을 진행하는 종목이다. 예를 들어 건국대학교 체육교육과 농구 종목이나, 연세대학교 스포츠응용산업학과, 숙명여자대학교 체육교육과의 전공선택이 대표적인 전공 종목이다. 특정 종목의 다양한 수행평가를 진행하면서 학생의 다양한 운동 능력을 평가하는 방식이다. 전공 평가는 입시변별력이 높아서 잘 수행할 수 있다면, 강력한 실기경쟁력을 만들 수 있다.

유의사항은 전공 종목은 적당한 수준으로는 합격권의 평가를 받을 수 없다. 실제 엘리트 선수이거나 중학교까지 청소년대표 정도의 준하는 활동을 해왔던 학생 정도가 되어야 한다. 물론 개인적인 차이가 있겠지만, 1년 내외의 체대 입시학원 등록 기간으로 전공 종목평가에서 좋은 평가를 받기가 어렵다. 최소한 2, 3년 이상 전문적인 교육을 받고 취미 이상으로 활동한다면 긍정적으로 평가한다. 하지만 전공 평가가 반영한다고 해서 무조건 지원이 불가한 것은 아니다. 숙명여자대학교 체육교육과의 경우 다소 아쉬운 전공 종목 능력이라도 준수한 수능점수와 기능실기 능력 겸비한다면 충분히 합격을 노려볼 수 있다. 기능실기 역시 기초실기와 같이 항상 안전하게 훈련해야 한다. 기능실기를 훈련하다가 부상당하면 특히나 심각한 부상으로 이어진다. 심지어 부상으로 인해 체대 입시 자체를 포기해야 할 수도 있다. 그렇기에 더욱더 안정적이고 꾸준하게 대비하는 것이 중요하다.

혹시 고1, 2학생의 자녀가 체대 입시를 시작을 어려워하는 경우도 있을 것이다. 그럴 때는 제자리멀리뛰기나 윗몸일으키기 등의 기초실기보다 농구, 체조 등의 기능실기를 먼저 배워나가는 것이 더 좋다. 첫 상담 시에, 체대 입시학원에 직접 요청해도 좋다. 어쨌든 체육 자체가 즐거워야 하는데, 입시 운동은 사실 재미가 없다. 그래서 체대 입시학원 등록 한 달도 안 돼 그만두는 학생들도 많다. 기능실기를 통해서 대학도 합격하고, 즐거운 체육 생활하기를 응원한다.

10. 실기배점표를 분석하면 합격률이 올라간다

대부분 체대 입시전형 방법을 확인하면서 실기 고사 종목까지는 파악한다. 그런데 안타깝게도 실기배점표를 간과하는 경우가 많다. 목표대학에서 내가 어려워하는 종목을 평가한다고 바로 포기하는 경우가 있는데 실기배점표만 제대로 분석했다면, 바로 포기하는 일은 없을 것이다. 무작정 도망치는 것이 아니라 실기배점표를 잘 파악하여 합격을 위한 전략을 세워 보도록 하자.

실기배점표 평가의 이해는 필수

기초실기는 보통 '실기배점표'라고 부르는 각 대학에서 자체적으로 제작한 기준으로 평가한다. 예를 들어 남학생 A가 다음 그림의 실기배점표를 기준으로 제자리멀리뛰기 종목에서 270cm를 기록했다면 만점을 받는다. 그리고 만약 실수해서 215cm밖에 뛰지 못했다면 70점을 받게 된다. 222cm 이하는 모두 70점이다. 간혹 파울의 경우나 측정 포기의 경우는 0점 처리한다는 조항이 있다.

| 2022 한남대학교 수시 실기배점표 |

남자	측정단위	100	97	94	91	88	85	82	79	76	73	70
제자리멀리뛰기	cm	268cm 이상	267 ~263	262 ~258	257 ~253	252 ~248	247 ~243	242 ~238	237 ~233	232 ~228	227 ~223	222이하
드리블 런닝슛	1/35초	10개	9	8	7	6	5	4	3	2	1	0
지그재그 런	1/100초	15˚50 이내	15˚51 ~16˚01	16˚02 ~16˚52	16˚53 ~17˚03	17˚04 ~17˚54	17˚55 ~18˚05	18˚06 ~18˚56	18˚57 ~19˚07	19˚08 ~19˚58	19˚59 ~20˚09	20˚10 이상
여자	측정단위	100	97	94	91	88	85	82	79	76	73	70
제자리멀리뛰기	cm	225cm 이상	224 ~220	219 ~215	214 ~210	209 ~205	204 ~200	199 ~195	194 ~190	189 ~185	184 ~180	179이하
드리블 런닝슛	1/40초	10개	9	8	7	6	5	4	3	2	1	0
지그재그 런	1/100초	16˚51 이내	16˚52 ~17˚02	17˚03 ~17˚53	17˚54 ~18˚04	18˚05 ~18˚55	18˚56 ~19˚06	19˚07 ~19˚57	19˚58 ~20˚08	20˚09 ~20˚59	20˚60 ~21˚10	21˚11 이상

이렇게 기초실기는 대부분 실기배점표를 기준으로 하여 절대평가 한다. 배점표를 기준으로 획득한 기록을 객관 점수화하여 그 합산 점수를 최종 실기 고사 평가점수 반영하게 된다. 실기배점표의 기준에 따라서 실기변별력이 조정된다. 실기배점표만 잘 분석해도 해당 대학의 실기변별력을 파악할 수 있다. 실기변별력이 높은

| 실기변별력 확인 비교표 |

	높은 변별력	낮은 변별력
만점 기준	높다	낮다
급간 배점	5~10점 이상	1~5점
급간 기록	간격 촘촘하다	간격 크다
기록 최하 점수	낮다	높다
실기 고사 기본점수	없다	있을 수 있다.

배점표라면 먼저 만점의 기준이 높다 하지만 만점 기준이 무조건 높다고 해서 변별력이 높은 것은 아니다. 만점이 높아도 배점 급간이 1점이라면 변별력이 낮다. 변별력이 높은 대학은 실기급간의 배점이 10점 이상으로 크다. 그리고 변별력을 형성하는 가장 중요한 기준은 급간을 나누는 기록이다. 실기변별력이 높은 대학은 급간을 나누는 기준이 상당히 촘촘하다.

예를 들어 제자리멀리뛰기의 경우 실기변별력이 높을수록 중앙대학교 스포츠과학부와 같이 2~3cm 내외로 형성된다. 반대로 낮다면 한국체육대학교와 같이 5cm 이상으로 내외로 크다. 최하기

| 을지대학교 수시 실기배점표 |

배점	제자리 멀리뛰기(cm)		배근력(kg)		25m 왕복달리기(100m)(초)	
	남	여	남	여	남	여
100	300이상	240이상	210이상	140이상	16.99이하	19.80이하
95	295~299	235~239	205~209.5	135~139.5	17.00~17.20	19.81~20.00
90	290~294	230~234	200~204.5	130~134.5	17.21~17.40	20.01~20.20
85	285~289	225~229	195~199.5	125~129.5	17.41~17.60	20.21~20.40
80	280~284	220~224	190~194.5	120~124.5	17.61~17.80	20.41~20.60
75	275~279	215~219	185~189.5	115~119.5	17.81~18.00	20.61~20.80
70	270~274	210~214	180~184.5	110~114.5	18.01~18.20	20.81~21.00
65	265~269	205~209	175~179.5	105~109.5	18.21~18.40	21.01~21.20
60	260~264	200~204	170~174.5	100~104.5	18.41~18.60	21.21~21.40
55	255~259	195~199	165~169.5	95~99.5	18.61~18.80	21.41~21.60
50	250~254	190~194	160~164.5	90~94.5	18.81~19.00	21.61~21.80
45	245~249	185~189	155~159.5	85~89.5	19.01~19.20	21.81~22.00
40	240~244	180~184	150~154.5	80~84.5	19.21~19.40	22.01~22.20
35	235~239	175~179	145~149.5	75~79.5	19.41~19.60	22.21~22.40
30	230~234	170~174	140~144.5	70~74.5	19.61~19.80	22.41~22.60
25	225~229	165~169	135~139.5	65~69.5	19.81~20.00	22.61~22.80
20	220~224	160~164	130~134.5	60~64.5	20.01~20.20	22.81~23.00
15	215~219	155~159	125~129.5	55~59.5	20.21~20.40	23.01~23.20
10	210~214	150~154	120~124.5	50~54.5	20.41~20.60	23.21~23.40
5	205~209	145~149	115~119.5	45~49.5	20.61~20.80	23.41~23.60
0	204이하	144이하	114이하	44이하	20.81이상	23.61이상

록점수도 확인해야 한다. 보통 실기변별력이 높은 대학은 최하기록을 받았을 경우 0점에 가깝다. 급간 점수가 크면 최하기록점수가 낮다. 이렇게 을지대학교처럼 급간 배점이 5점이고 기본점수가 0점일 때, 실기변별력은 다소 높다고 분석한다. 마지막으로 배점표에는 없을 수 있지만, 기본점수가 있는 경우도 있다. 예를 들어 호서대학교 사회체육학과의 경우 실기 고사 전형 반영비율이 60%로 1000점 만점 중에 600점이다. 그 600점 중에 기본점수가 300점이 있어서 생각보다 실기변별력을 낮추게 된다. 이런 경우 '실기 고사의 실질 변별력이 낮게 계산된다.'라고 이야기한다.

실기배점표를 보이는 대로 해석하지 마라

대학별로 정말 다양한 실기배점표가 존재한다. 그중에 정말 유의해야 하는 사항은 배점표에 소개된 그 수치를 그대로 해석하면 안 된다는 것이다. 가장 큰 예로 백석대학교 체육대학이 있다.

위 배점표를 있는 그대로 확인하면 만점 배점은 25점, 급간 배점은 1점으로 이해할 수 있다. 있는 그대로 분석하면 그리 실기변별력이 낮다고 생각할 수 있다. 하지만 실제로는 실기변별력이 상당히 높은 대학이다. 백석대학교 스포츠과학부는 수시모집에서 실기 반영비율이 60%로 1000점 만점에서 600점이 반영된다.

배점표의 점수를 600점으로 '환산'해야 한다. 두 종목을 모두 만점이라면 50점(25×2)인데, 이 점수에 곱하기 12를 하여 600점(50×

| 백석대학교 체육대학 공통(스과/특체) 실기배점표 |

| 구분 | 남 자 | | 여 자 | |
| | 왕 복
달리기 | 제 자 리
멀리뛰기 | 왕 복
달리기 | 제 자 리
멀리뛰기 |
배점	초	cm	초	cm
25	8.00 이하	284 이상	9.20 이하	231 이상
24	8.01~8.10	279~283	9.21~9.30	226~230
23	8.11~8.20	274~278	9.31~9.40	221~225
22	8.21~8.30	269~273	9.41~9.50	216~220
21	8.31~8.40	264~268	9.51~9.60	211~215
20	8.41~8.50	259~263	9.61~9.70	206~210
19	8.51~8.60	254~258	9.71~9.80	201~205
18	8.61~8.70	249~253	9.81~9.90	196~200
17	8.71~8.80	244~248	9.91~10.00	191~195
16	8.81~8.90	239~243	10.01~10.10	186~190
15	8.91~9.00	234~238	10.11~10.20	181~185
14	9.01~9.10	229~233	10.21~10.30	176~180
13	9.11~9.20	224~228	10.31~10.40	171~175
12	9.21~9.30	219~223	10.41~10.50	166~170
11	9.31 이상	218 이하	10.51 이상	165 이하

12)으로 환산해야 한다. 즉, 만점 점수는 300점이고 급간 배점으로 12점이다. 엄청나게 실기변별력이 높은 대학이었다. 10m 왕복달리기를 기준으로 보면 0.1초에 12점씩 깎이니 이 얼마나 실기변별력이 높은지 실감이 될 것이다.

'실기 종목 확인, 실기배점표 확인, 배점표 분석(만점 기록/ 급간 기록/ 기본점수), 실제 반영점수 계산 방법 확인' 이 네 가지 요소만 제대로 확인하면, 목표대학의 합격률을 대폭 상승시킬 수 있다. 적어도 무리한 시도를 하다가 파울 당하는 경우를 막을 수 있다. 지금이라도 내 목표대학, 자녀의 목표대학의 실기배점표를 확인하도록 하자!

세계 최고의
인재를 배출해낸
학습법

디베이트

박숙현 지음 | 13,800원

**질문하고 토론하는 공부법, 디베이트
창의력, 비판적 사고능력을 키워준다**

아이의 미래를 걱정하는 부모를 위해 4차 산업혁명 시대에 맞는 인재를 키우는 공부법 '디베이트'를 소개한다. 디베이트는 '형식이 있는 토론'을 말하는데, 이 방식은 상대방에게 설명하면서 말하기 능력과 경청 능력을, 정리해서 표현하는 말하기 능력과 발표 능력을, 자료를 조사하고 정리하면서 어휘 능력과 비판적 읽기 능력을 향상시킨다. 또한 질문하고 토론하는 과정에서 사고력과 창의력이 향상된다. 이 책은 변화하는 교육 방향에 불안해하는 부모들에게 새로운 공부법과 교육법을 알려주는 맞춤형 자녀 교육서의 역할을 할 것이다.

두뇌 훈련 놀이
115가지 수록

평범한 아이도 영재로 만드는
내 아이 두뇌 트레이닝

성호경 지음 | 14,500원

**99% 엄마들이 모르는
뇌 발달 시기에 맞는 내 아이 두뇌 훈련법**

주도적이고 독립적인 인생을 살아가는 아이로 키우기 위해서는 지금과 같은 양육 방식, 교육 방식으로는 곤란하다. 지식 습득보다 사고가 자유로운 아이, 개인의 창의력과 상상력, 자제력을 갖춘 아이가 대접받는 세상이 오기 때문이다. 28년간 교육 임상가로 보낸 저자는 아이의 생존력을 키우는 5가지 키워들을 안내하면서 지혜로운 두뇌를 만드는 손쉬운 놀이 방법을 구체적으로 소개한다. 가정에서 부모와 놀면서 쉽게 따라 할 수 있으므로 많은 부모들이 두뇌 만들기의 안내서로 손쉽게 활용할 만하다.

세상 쉬운 우리 아이 진로진학

차현정 지음 | 16,000원

**4차 산업혁명 시대, 부모가 물려줄 수 있는
가장 위대한 유산은 자녀의 '재능 키우기'다!**

지금 부모들의 가장 큰 고민은 '이런 세상에서 우리 아이가 어떻게 먹고살 것
인가?'다. 17년간 사교육 현장에서 아이들을 가르치고 입시 컨설팅을 해온 저
자는 초등학교부터 아이들의 재능을 발견하고 이를 진로와 진학에 연결시키는
방법을 안내한다. 저자가 강조하는 것은 부모가 자녀의 적성 및 성향을 파악하
고 내 아이의 고유한 재능을 발견해서 이를 진로와 진학에 맞게 키우고 개발
해주는 일이다. 초등학교 때 아이의 재능을 키워줄 수 있는 씨앗을 심고, 다양
한 경험을 통해 유능감을 발달시켜 재능을 꽃피운다면 다가올 대학 입시에서
는 내 자녀에게 맞는 학과와 진로를 현명하게 선택할 수 있는 길이 열린다.

엄마의 라이프스타일,
아이의 미래가 되다

김은형 지음 | 14,500원

**내 아이를 똑소리 나는 인재로 기르는
라이프스타일 에듀 프로젝트**

반인반쯤, 포노 사피엔스들의 시대에 부모 세대의 성공방정식은 더 이상 통하
지 않는다. 아이들은 비단 학교에서만 배우지 않는다. 새 시대에는 부모의 삶
과 라이프스타일 그 자체가 아이의 교과서가 된다. 30년간 교육 현장에서 온몸
으로 변화를 이끌어온 '스쿨 혁명의 아이콘' 교사 김은형이 '삶으로서의 교육,
교육으로서의 삶. 일상이 교육이다'라는 철학 아래 미래형 교육법을 제시한다.
성공하는 사람에겐 성공하는 라이프스타일이 있다. 당신의 라이프스타일을 바
꾸는 것만으로도 아이와 세상을 변화시킬 수 있다.